OCCUPY

CAVE CANEM

Du même auteur aux éditions de L'Herne

L'An 501, la conquête continue, 2007
De la nature humaine : justice contre pouvoir,
Noam Chomsky et Michel Foucault, 2007
Raison contre pouvoir, le pari de Pascal,
Noam Chomsky et Jean Bricmont, 2009
Pour une éducation humaniste, 2010

Cahier Chomsky, dirigé par Jean Bricmont et Julie
Franck, 2007

Photographies :
© 2011 Alex Fradkin
p. 6 : Brooklyn Bridge/p. 8 :Foley Square/Couverture et pp. 22-23 : Occupy/p. 53 :
Zuccotti Park/pp. 70-71 :Brooklyn Bridge/pp. 90-91 : Brooklyn Bridge

© Éditions de L'Herne, 2013
22, rue Mazarine
75006 Paris
lherne@lherne.com
www.lherne.com

Noam Chomsky

OCCUPY

Traduit de l'anglais par Myriam Dennehy

Préface de Jean Bricmont

L'Herne

Dédicacé aux 6705 personnes qui ont été arrêtées pour avoir soutenu Occupy, des 80 premières personnes arrêtées alors qu'elles marchaient dans New York le 24 septembre 2011 jusqu'à la femme interpellée à Sacramento le 6 mars 2012 pour avoir lancé des pétales de fleurs sur le Capitole. Que nombreux soient ceux qui nous rejoignent !

N. C.

PRÉFACE

La majorité de la population dans les pays développés pense que la crise qui a surgi en 2008, si elle n'est pas résolue, est en voie de l'être : un meilleur président, une nouvelle initiative au niveau européen, une réforme ou l'autre de nos institutions, une cure d'austérité vont sortir les démocraties libérales de leurs difficultés. Néanmoins, une minorité, sans doute croissante, mais difficile à mesurer, ressent que la crise est profonde et qu'elle n'est pas simplement due à un gouvernement donné ou à une institution particulière, mais est plutôt celle d'un système.

Les indices de la profondeur de cette crise sont nombreux : l'incapacité des experts à vraiment relancer la machine économique ; les tensions et les désillusions procédant de la construction européenne ; la perte des valeurs ou des repères dans la jeunesse ; les conflits liés au communautarisme et à l'immigration ; la dégradation irréversible du système d'enseignement ; la crise écologique ; les guerres incessantes et interminables ; la médiocrité du personnel politique et médiatique, ou encore la corruption généralisée des élites.

Ceux qui pensent que la crise est passagère font confiance aux gouvernements ou aux institutions telles que Parlements, FMI, ONU, OTAN ou Commission européenne. Ils acceptent la vision du monde propagée par les médias et les analyses des experts officiels. Mais les autres cherchent une alternative, non pas au gouvernement en place ou à une politique concrète, mais au système en tant que tel, et s'en remettent à des médias alternatifs ou à des experts indépendants.

Les mouvements tels que Occupy Wall Street aux États-Unis ou les Indignés en Europe expriment une des réactions possibles à la crise.

L'attitude, très enthousiaste, de Chomsky par rapport au mouvement Occupy – qui a manifesté en 2011 dans un bon nombre de villes américaines contre la politique pro-business des partis démocrate et républicain – s'explique aisément si l'on comprend que sa vision du monde s'inscrit dans la lignée de la pensée socialiste classique, issue du XIXe siècle, laquelle était commune à Marx et aux anarchistes, et qui elle-même plongeait ses racines dans la pensée des Lumières.

Les penseurs libéraux du XVIIIe siècle vivaient dans une société dominée par des petits producteurs indépendants et s'opposaient principalement au pouvoir de l'État féodal, de la monarchie ou de l'Église. Dans ce cadre, l'idée d'un « marché libre » affranchi des caprices des princes ou du clergé, avait un sens émancipateur, au même titre que les autres idées fondamentales de cette époque : la liberté d'expression, la séparation des pouvoirs et la démocratie représentative.

Mais, avec le développement de la grande entreprise, la question de la propriété privée des moyens de production a pris une tout autre tournure ; la production industrielle devint de fait « socialisée », impliquant un grand nombre d'individus et non plus seulement des producteurs indépendants, nécessitant une infrastructure pour l'acheminement des matières premières et des marchandises, ainsi que la formation intellectuelle des travailleurs et leur maintien en bonne santé. Autant d'éléments nécessaires au processus de production industriel, mais s'élaborant en dehors de celui-ci. De plus, comme le remarque Chomsky, toute la « nouvelle économie » – télécommunication, électronique, bio-technologie – est le résultat de recherches financées par l'État (souvent pour des raisons militaires), transféré ensuite vers le secteur privé. Et quand des entreprises, financières par exemple, sont « trop grosses pour faire faillite », l'État vole à leur secours, en contradiction totale avec l'idée du « marché libre ».

L'idée fondamentale du socialisme est, qu'à partir du moment où le processus de production est de fait socialisé, son contrôle doit l'être aussi, si l'on veut réaliser les espoirs d'émancipation exprimés par le libéralisme classique. À partir du moment où les moyens de production, ainsi que les moyens d'information, sont entre les mains de quelques-uns, ceux-ci possèdent un pouvoir énorme sur le reste de la population. En conséquence, il n'y a aucun obstacle à ce qu'ils puissent influencer les élections, soit directement en finançant les candidats, soit indirectement en menaçant de représailles économiques – fuite des capitaux, déloca-lisations – les gouvernements élus qui s'op-poseraient à leurs exigences.

Les véritables successeurs actuels des libéraux classiques sont les partisans du socialisme ; et ceux qui se disent « libéraux » en France aujourd'hui sont simplement les adeptes d'une forme particulière de tyrannie : celle des détenteurs des capitaux, et, très souvent, d'une forme violente d'étatisme ; celle qui cherche à maintenir la domination militaire américaine sur le reste du monde.

Le socialisme, au sens où nous l'employons, est une réponse tellement naturelle aux problèmes issus du développement du capitalisme, que le fait de ne jamais plus le discuter explicitement témoigne de l'efficacité du système spécifique d'endoctrinement appelé dans nos sociétés « éducation » et « information ».

Vue ainsi, l'idée du socialisme ne dépend pas fondamentalement des crises du capitalisme ou de la destruction (réelle ou supposée) de la nature, ou de l'embourgeoisement (réel ou supposé) de la classe ouvrière. Au contraire, précisément parce que le contrôle sur sa propre existence est une aspiration fondamentale de l'être humain, cette question ne disparaît pas malgré l'élévation du niveau de vie et ne nécessite aucune catastrophe (par exemple, les deux guerres mondiales) pour être posée. Il est probable que plus leurs besoins biologiques, de survie, sont satisfaits, plus les hommes aspireront à assouvir leurs désirs proprement humains d'autonomie et de liberté.

Il est évident que ce socialisme-là n'a rien à voir avec l'histoire de l'Union soviétique et des autres pays qui se proclamaient socialistes. L'URSS a suivi la politique de modernisation et de développement accéléré d'un pays arriéré, mais cet objectif, même s'il est souhaitable, est très différent de celui du contrôle social sur la production, qui est incompatible avec un régime dictatorial, et qui ne se confond pas avec la gestion étatique de l'économie.

Malgré le discrédit que les (més)aventures du « socialisme réel » ont jeté sur la notion de socialisme, l'idée socialiste survit (au moins inconsciemment). S'il y a une position politique qui reste populaire, c'est bien la défense des services publics et des droits des travailleurs, qui sont les principaux moyens de lutte aujourd'hui contre le pouvoir des détenteurs du capital. Ce que l'on pourrait appeler le « paradis social-démocrate » construit après-guerre, fait de sécurité sociale, d'enseignement démocratisé, de soins de santé publics, qui constituent une forme élémentaire de contrôle social sur la production, est extrêmement populaire.

Depuis quelques décennies, les politiques néolibérales s'attaquent, lentement mais sûrement et systématiquement, à ce « paradis ». Des mouvements comme Occupy ou les Indignés sont sans doute des réactions à ces attaques et tentent de contrer vaille que vaille les politiques néolibérales.

Les problèmes auxquels le mouvement Occupy fait face sont très nombreux. Tout d'abord, il y a l'éternelle question qui se pose aux mouvements de type anarchiste ou spontané : comment se transformer en une force politique effective ?

Il y a, en outre, un problème plus profond auquel sont confrontés les critiques du capitalisme dans les pays développés, celui du rapport entre ces pays et le reste du monde. En effet, le système capitaliste ne s'est pas développé en Occident de façon purement endogène, mais a toujours bénéficié d'un hinterland, composé autrefois par les colonies – pourvoyeuses en matières premières –, ensuite par la main-d'œuvre immigrée facilement exploitable, puis, de façon croissante, par les produits manufacturés bon marché fabriqués à l'étranger, et même par la matière grise venant suppléer à l'incapacité de nos systèmes d'enseignement à assurer une formation de scientifiques et d'ingénieurs en nombre suffisant.

Le dialogue suivant entre Obama et Steve Jobs, en février 2011, illustre bien le problème, tel qu'il se pose actuellement :

« Barack Obama : Pourquoi le travail (d'Apple) ne peut-il pas être fait ici ?

Steve Jobs : Ces emplois ne reviennent pas. »

Explication, provenant du *New York Times* : Apple avait besoin de faire un travail en urgence : un contremaître réveilla (vers minuit) 8 000 travailleurs chinois dans leurs dortoirs, leur donna un biscuit et une tasse de thé et ils se mirent à travailler douze heures d'affilée. Quatre-vingt-seize heures plus tard, l'usine produisait 10 000 iphones. Un ex-dirigeant d'Apple note : « La rapidité et la flexibilité sont époustouflantes. Il n'y a aucune usine américaine qui peut rivaliser avec cela. »

Mais, ajoute Jared Bernstein, ex-conseiller économique de la Maison Blanche : « Si c'est cela le pinacle du capitalisme, nous devrions être préoccupés. » Et, comme le fait remarquer Betsey Stevenson, ex-économiste en chef du Département du travail des États-Unis : « Les entreprises, dans le temps, se sentaient obligées de soutenir les travailleurs américains, même si ce n'était pas le meilleur choix financier. Cela a disparu. Les profits et l'efficacité l'ont emporté sur la générosité[1]. »

Ces formes brutales d'exploitation posent plusieurs problèmes aux anticapitalistes occidentaux. D'abord, un problème moral : après tout, ces travailleurs chinois produisent des biens consommés ici, y compris, en partie au moins, par des travailleurs ou même des chômeurs. D'autre part, l'existence de cette immense armée de réserve offre un argument très efficace aux capitalistes occidentaux : ils peuvent dire aux travailleurs qui, ici, se plaignent de leur condition qu'il existe des millions de personnes ailleurs dans le monde qui ne « demandent » (n'ayant pas d'autres possibilités) qu'à travailler dans des conditions encore bien pires que celles qui se pratiquent dans nos pays. D'ailleurs, quand on proteste contre les conditions de travail dans ces usines chinoises, leurs patrons répondent qu'ils doivent refuser tous les jours des gens qui frappent à leur porte pour chercher du travail.

---

1. Charles Duhigg, Keith Bradsher, « How the US Lost Out on iPhone Work », *New York Times*, 21 janvier 2012.

Finalement, on doit aussi se poser la question de la stabilité du rapport de force qui profite encore à certains consommateurs occidentaux. Quand on a voulu limiter l'importation de textiles chinois en Europe, les Chinois ont avancé l'argument suivant : « À cause des faibles marges de profit sur les textiles chinois, la Chine doit vendre 800 millions de chemises pour acheter un Airbus[2]. » Mais quand la Chine construira des Airbus (ce qu'elle fait déjà, sous licence), qui fabriquera nos chemises[3] ? Ce qu'on appelle l'échange inégal, c'est-à-dire l'extraordinaire écart entre le prix des produits de haute et de basse technologie risque de ne pas avantager éternellement les Occidentaux, surtout si on compare le nombre de scientifiques et d'ingénieurs sortant des universités en Chine ou en Inde à celui produit en Europe et aux États-Unis.

La raison profonde qui se cache derrière l'endettement actuel, public et privé,

---

2. « 800 million shirts for one Airbus A380 », *China Daily*, 5 mai 2005.

3. Pour une analyse détaillée du déclin des industries américaines, y compris sur le plan technologique, voir Richard Mc Cormack, « The Plight of American Manufacturing », *The American Prospect*, 21 décembre 2009.

mais aussi derrière les déficits commerciaux dans les échanges avec le reste du monde, est peut-être cette combinaison de la dépendance accrue de l'Occident par rapport à ses ex-colonies ou semi-colonies, et de la perte – progressive mais irréversible – de son hégémonie datant de l'époque coloniale. Cette perte se vérifie presque quotidiennement : dans les élections en Amérique latine ; dans la diplomatie tranquille des Chinois ; dans les changements au sein du monde arabe, etc.

Le problème est que cette perte d'hégémonie s'accompagne souvent d'un sentiment de déclin (de l'Occident) et que ce sentiment provoque une aspiration à un retour en arrière. Alors que l'idée socialiste, et celle qui domine des mouvements comme Occupy, vise à dépasser le capitalisme tout en conservant les acquis de la modernité et du libéralisme, entendu au sens de la défense des libertés individuelles, ceux qui ont un sentiment de déclin tendent à rejeter les idées des Lumières dans leur totalité et à mettre leurs espoirs dans un « sursaut » moral ou religieux qui aurait nécessairement un aspect autoritaire. Ce type de réaction face à l'angoisse du déclin a été, par exemple, fort répandue en Allemagne après 1918 (et pas uniquement chez les nazis), à cause de la défaite lors de la Première Guerre mondiale.

Les sociétés occidentales contemporaines voient s'affronter trois types de forces : celles, encore dominantes, qui pensent que la crise est passagère ou au moins gérable ; celles qui, avec Chomsky et Occupy, cherchent un dépassement du système capitaliste qui s'inscrit dans le prolongement de la vision émancipatrice des Lumières (sans que ce dépassement ou les moyens de le réaliser ne soient clairement définis) ; et celles qui adoptent une attitude réactionnaire face à ladite crise des valeurs, symptôme du déclin de l'Occident. Si la crise s'aggrave et que le premier courant perd sa position dominante, la course de vitesse entre les deux autres types de contestations radicales sera déterminante pour l'avenir de nos sociétés et, indirectement, pour l'avenir du reste du monde.

Jean Bricmont

À PROPOS DE L'AUTEUR

Noam Chomsky est mondialement connu pour ses travaux révolutionnaires dans le champ de la linguistique et son infatigable plaidoyer pour la démocratie, la liberté et le libre-arbitre. Il est l'auteur de nombreux ouvrages, dont les plus récents sont *Hopes and Prospects* ; *9-11 : was there an alternative ?* ; *Making the Future : occupation, intervention, empire and resistance.* En 1988, Chomsky a reçu le Prix de Kyoto en sciences fondamentales, qui récompense une « contribution significative au développement scientifique, culturel et spirituel de l'humanité ». Cette distinction a fait valoir que « le système théorique du professeur Chomsky reste un remarquable monument de la science et de la pensée du xxe siècle. Il est très certainement l'un des plus grands chercheurs universitaires et scientifiques de ce siècle ». Noam Chomsky a soutenu le mouvement Occupy dès ses débuts.

Noam Chomsky vit actuellement à Lexington, Massachusetts.

PY YOUR
HER WORLD
POSSIBLE,
Ready YOUR
DREAMS
Still
GNP
MATE
CHA
MY WIN

OCCUPY

Petite histoire de l'économie américaine

Les années 1970 ont marqué un tournant dans l'histoire des États-Unis. Pendant des siècles, la société américaine était une société en développement, pas toujours très belle à voir. Disons qu'elle a connu des hauts et des bas. Dans l'ensemble, elle se dirigeait néanmoins vers la prospérité, l'industrialisation, le progrès, l'espoir. Même dans les moments les plus difficiles, tout le monde était convaincu qu'elle continuerait sur cette voie.

J'ai connu la Grande Dépression. Dans les années 1930, à une époque où la vie était objectivement bien plus dure qu'elle ne l'est aujourd'hui, les mentalités étaient pourtant très différentes. Tout le monde était convaincu qu'on s'en sortirait ; même les chômeurs croyaient que la situation s'arrangerait.

C'est à cette époque que les syndicats ouvriers ont commencé à s'organiser et à lancer des appels à la grève avec occupation. Le patronat s'en inquiétait : cette grève n'est-elle pas la dernière étape avant l'autogestion ? Cette perspective est encore d'actualité aujourd'hui, j'aurai l'occasion d'y revenir. En réponse aux pressions populaires, Roosevelt a instauré le New Deal. Les temps étaient sombres, mais personne ne doutait qu'on finirait par s'en sortir.

Aujourd'hui, ce n'est plus pareil : pour la première fois de leur histoire, les Américains ont perdu espoir. Et pour cause...

Sur la classe ouvrière

Les chômeurs des années 1930 pouvaient espérer retrouver un emploi. À l'heure actuelle, le secteur industriel connaît un taux de chômage tout aussi élevé que pendant la Grande Dépression, mais il ne faut plus compter sur une relance de l'emploi. C'est dans les années 1970 que tout a basculé. Il y a à cela plusieurs explications. L'un des facteurs sous-jacents qu'a bien analysé l'historien de l'économie Robert Brenner est l'effondrement des bénéfices enregistrés par le secteur industriel. Cette dégringolade a eu des répercussions considérables sur l'économie : elle a enrayé des centaines d'années de progrès continu vers l'industrialisation et le développement, pour enclencher un processus de désindustrialisation et de dé-développement. Certes, la production s'est maintenue à coups de délocalisations, qui ont permis de sauver la rentabilité au détriment de l'emploi.

Cette mutation s'est soldée par la désaffection d'une économie de production (qui fournissait des biens et des services dont les gens avaient réellement besoin) au profit de manipulations financières. L'économie est alors entrée dans une phase de financiarisation à outrance.

Les banques

Jusque dans les années 1970, les banques étaient des banques, rien de plus. Elles remplissaient les fonctions qui sont celles de n'importe quelle banque dans une économie capitaliste : elles faisaient fructifier l'épargne en prêtant des fonds aux ménages qui avaient besoin d'acquérir un logement ou de financer les études de leurs enfants. Cette logique a basculé dans les années 1970. Jusqu'alors, les États-Unis n'avaient pas connu de crise financière. Dans les années 1950-1960, à l'époque où l'on enregistrait une croissance sans précédent, la société américaine était égalitaire. Le quintile inférieur s'en sortait tout aussi bien que le quintile supérieur et le niveau de vie des classes moyennes était relativement confortable. Ces acquis se sont renforcés dans les années 1960. Après une décennie assez molle, le militantisme est venu transformer en profondeur le paysage social.

Les années 1970, elles, ont amené une série de bouleversements : désindustrialisation, délocalisations, essor des institutions financières. L'économie high-tech, dont les germes avaient été semés dès les années 1950-1960, a pris son envol. C'est en effet dans ces années-là, à l'initiative du secteur public, qu'ont été conçus les premiers ordinateurs, l'Internet, la révolution technologique. Les mutations qui ont accompagné les années 1970 allaient enclencher un véritable cercle vicieux. La concentration des richesses au profit du secteur financier n'a pas bénéficié à l'économie, bien au contraire.

Les milieux politiques et financiers

Qui dit concentration des richesses dit concentration du pouvoir politique. Celle-ci, à son tour, amène à promouvoir des mesures qui ne font que conforter cette tendance. Démocrates et républicains se sont lancés à corps perdu dans des politiques budgétaires, des réformes fiscales, des nouvelles règles de gouvernance d'entreprise et des déréglementations. Pendant ce temps, le coût des campagnes électorales a explosé, incitant les hommes politiques à chercher des subsides auprès du secteur privé. Les partis politiques ont perdu toute intégrité. Autrefois, les membres du Congrès qui briguaient un poste honorifique étaient généralement récompensés à l'ancienneté ou au mérite. Désormais, comme l'a bien montré Tom Ferguson, ils en sont réduits à monnayer leurs promotions et puisent à pleines mains dans les caisses du secteur financier.

Ce cercle vicieux a abouti à une concentration aberrante des richesses aux mains de 0,1 % de la population. Pour la majorité des autres, ils se sont enlisés dans une phase de stagnation, voire de déclin. Pour boucler leurs fins de mois, ils sont obligés de jongler avec l'augmentation du temps de travail, la hausse des taux d'intérêts, et l'inflation immobilière qui a conduit à la bulle. Aux États-Unis, les journées de travail sont bien plus longues qu'au Japon, en Europe ou dans d'autres pays développés. Les Américains « moyens » ont donc traversé une période de stagnation et de déclin, tandis que les plus riches ont accaparé toujours plus de richesses.

C'est là que le système politique a commencé à se déliter. Certes, il y a toujours eu un écart entre les politiques publiques et la volonté du peuple, mais cet écart a pris des proportions vertigineuses. Voyez ce qu'il en est à l'heure actuelle. À Washington, on ne parle que du déficit. Or les citoyens se contrefichent du déficit : pour eux, le véritable problème, c'est le chômage. Un « super-comité » a été chargé de réduire le déficit national, mais qui s'occupe de réduire le chômage ? S'agissant de la dette, les Américains ne sont pas sans opinion. Il suffit de voir les sondages pour constater qu'ils sont majoritairement favorables à une augmentation du taux d'imposition sur les grandes fortunes, qui a considérablement diminué pendant cette période de stagnation et de déclin. Ce qu'ils demandent, c'est une taxation plus lourde des grandes fortunes et le maintien des acquis sociaux. Soit tout le contraire de ce que promet le « super-comité ». Celui-ci présentera ses conclusions dans quelques semaines. Le mouvement Occupy doit tout faire pour désamorcer cette bombe à retardement dont l'explosion pourrait bien nous être fatale. Le temps presse !

Les théoriciens de l'économie

Voilà déjà bien longtemps que les économistes classiques ont tiré la sonnette d'alarme. Adam Smith avait anticipé que les entrepreneurs anglais seraient tentés de délocaliser en investissant à l'étranger ou en important des marchandises : une stratégie rentable pour l'industrie, mais préjudiciable à l'Angleterre. Adam Smith comptait sur le fait que les entrepreneurs céderaient à la préférence nationale. Dans un célèbre passage de *La Richesse des Nations*, il évoque ainsi l'intervention d'une « main invisible » qui sauvera l'Angleterre de ce naufrage qu'est aujourd'hui la mondialisation néolibérale. Un autre grand économiste classique, David Ricardo, établissait un constat similaire et espérait que ce désastre serait évité. Pendant des années, en effet, il l'a été. Mais, depuis trente ans, nous sommes en plein dedans.

Ploutonomie et précariat

Pour la majorité de la population, les 99 % dont parle le mouvement Occupy, la situation est calamiteuse. Et ça ne fait que commencer. Nous risquons d'entrer dans une phase de déclin irréversible. Quant aux autres, ceux que l'on appelle le 1 %, ils se la coulent douce. Jamais ils n'ont été aussi riches, aussi puissants. Ils ont la haute main sur le système politique et se moquent bien de la volonté populaire. S'ils peuvent continuer ainsi, pourquoi s'en priveraient-ils ? C'est exactement le scénario que redoutaient Adam Smith et David Ricardo.

Prenez le cas de Citigroup : pendant des années, cette grande banque d'investissement s'est vautrée dans la corruption. Pourtant, elle a été renflouée par les contribuables dans les années Reagan et elle l'est à nouveau aujourd'hui. En 2005, Citigroup a fait circuler auprès de ses investisseurs une brochure intitulée « Ploutonomie : acquérir le luxe, expliquer les déséquilibres mondiaux ». Il s'agissait de les amener à investir en fonction d'un « indice de ploutonomie ». D'après cette brochure, « le monde se divise en deux blocs : la ploutonomie et le reste ». La ploutonomie, ce sont les riches, ceux qui ont les moyens d'acheter des produits de luxe. C'est sur eux qu'il faut miser. Leur indice de ploutonomie étant bien plus performant que la bourse, c'est sur eux qu'il faut investir. Les autres, qu'ils se débrouillent. On s'en lave les mains. On n'a pas besoin d'eux.

À la rigueur, ils servent à légitimer un État fort, qui viendra nous renflouer en cas de coup dur. Mais, à part ça, ils ne servent à rien. Les « précaires » sont ainsi relégués en marge de la société. Une marge qui gagne de plus en plus de terrain...

Dans les années Clinton, Alan Greenspan était salué par ses pairs comme l'un des plus grands économistes de tous les temps (avant qu'on ne lui impute la responsabilité de la crise économique). Il vantait alors devant Congrès les prouesses de la grande économie dont il avait la charge. D'après lui, la prospérité reposait sur « l'insécurité croissante du salariat ». Si les salariés sont dans une situation précaire, en effet, ils n'iront pas formuler des revendications, réclamer une augmentation ni des indemnités de licen-ciement. Il suffit de les mettre à la porte quand on n'a plus besoin d'eux. C'est sur cet admirable principe économique que Greenspan a bâti sa renommée.

Aujourd'hui, de fait, le monde se divise entre ploutocrates et précaires ou, pour reprendre le slogan de Occupy, entre 1 % et 99 %. Ces pourcentages ne sont peut-être pas exacts, mais ils traduisent bien l'idée générale. Désormais, c'est la plouto-nomie qui a le pouvoir. Face au tournant amorcé dans les années 1970, le mouvement Occupy constitue une première grande riposte populaire. La lutte sera longue ; elle sera difficile. Rien n'est gagné d'avance. Il nous faut persévérer et mettre en place des structures pérennes, capables de résister à l'adversité et de remporter des batailles. Nous ne sommes pas encore sortis de l'auberge.

Vers l'autogestion des usines

Nous avons vu que, dans les années 1930, l'un des modes d'action les plus efficaces était la grève avec occupation. La raison en est bien simple : c'est l'étape qui précède l'autogestion.

Les années 1970, celles où l'économie a amorcé son déclin, ont été ponctuées par deux événements décisifs. En 1977, US Steel annonce la fermeture de l'une de ses principales aciéries à Youngstown, dans l'Ohio. Au lieu de se résigner à leur sort, les employés et les riverains décident d'unir leurs forces pour racheter l'usine et en confier la gestion aux travailleurs. Ce projet échouera, hélas. S'ils avaient pu compter sur un soutien massif de l'opinion publique, ils l'auraient sans doute mené à bien. C'est ce qu'ont montré Gar Alperovitz et Staughton Lynd.

En ce sens, les ouvriers de US Steel ont remporté une victoire partielle : ils ont perdu cette bataille, mais ils ont ouvert la voie à d'autres initiatives. Aujourd'hui, dans l'Ohio et ailleurs, des centaines d'usines détenues par les travailleurs et par la communauté locale envisagent de passer à l'autogestion. Voilà une perspective véritablement révolutionnaire.

Il y a quelque temps, dans une banlieue de Boston, une multinationale a décidé de fermer une usine qui était pourtant rentable. Sans doute les dividendes n'étaient-ils pas assez juteux... Les employés s'en sont portés acquéreurs mais la multinationale a préféré les licencier plutôt que de tolérer l'autogestion, pour des raisons de conscience de classe. Si cette initiative avait bénéficié d'un soutien populaire massif, si un mouvement comme Occupy était venu donner de la voix, peut-être les ouvriers auraient-ils obtenu gain de cause.

Les exemples de ce genre sont innombrables. Tout récemment, Obama a pris la décision de nationaliser l'industrie automobile. Une alternative, qui était suivie, était de la redresser et la restituer au patronat ; l'autre aurait été d'en confier la gestion aux travailleurs (qui en étaient déjà propriétaires) pour établir une industrie autogérée qui constitue une grande part de l'économie et produise des biens de première nécessité.

Dans le domaine des transports, les États-Unis sont en retard sur le reste du monde. C'est là un problème qui affecte non seulement les usagers, mais l'économie tout entière. Il y a quelques mois, je suis allé prononcer une série de conférences dans le sud de la France. De Paris à Avignon, le trajet en TGV prend à peine plus de deux heures. De Washington à Boston, en revanche, les trains roulent toujours aussi lentement qu'il y a soixante ans. C'est une honte. Pourquoi notre réseau ferroviaire ne serait-il pas aussi performant que celui des Européens ? Nous avons le savoir-faire et la main-d'œuvre nécessaires. Il suffirait de mobiliser l'opinion publique pour entraîner un changement majeur dans l'économie.

Comble de l'ironie, Obama a chargé son secrétaire aux transports de négocier des contrats avec l'Espagne en vue de construire un réseau à grande vitesse qui aurait pu être fabriqué ici même, aux États-Unis, si l'on n'avait pas démantelé l'industrie métallurgique. D'un point de vue économique, cette option était la plus avantageuse. Si elle a été écartée, c'est pour des raisons de classe et par manque de mobilisation citoyenne.

Changement climatique et arsenal nucléaire

Jusqu'ici, nous avons surtout abordé des questions de politique intérieure. Or ce n'est pas le seul domaine qui pose problème. À l'échelle mondiale aussi, nous voyons se profiler des phénomènes qui menacent l'humanité. Deux d'entre eux sont particulièrement alarmants. L'un nous pend au nez depuis 1945 et c'est même un miracle que nous ayons pu y échapper jusqu'à présent : je veux parler des armes nucléaires. Cette menace, on ne le dit pas assez, est aggravée par la politique que mènent l'administration en place et ses alliés. Si nous ne réagissons pas, nous allons droit à la catastrophe.

L'autre menace, c'est la catastrophe écologique. Quasiment tous les pays du monde prennent des mesures pour protéger l'environnement. Aux États-Unis, en revanche, la situation ne fait qu'empirer. Nous sommes les seuls à ne rien faire de constructif dans ce sens. Non seulement les États-Unis ne participent pas à l'effort collectif, mais ils font un pas en arrière. En ce moment même, le Congrès s'emploie à démanteler la législation mise en place par Richard Nixon, dernier président véritablement libéral qu'aient connu les États-Unis, ce qui en dit long sur la gravité de la situation. Pour parer à la catastrophe, on n'a rien trouvé de mieux à faire que d'abroger les quelques mesures déjà en place.

Le secteur industriel a déployé une redoutable propagande pour persuader l'opinion publique que le changement climatique était une légende colportée par les gauchistes : « N'écoutez pas les scientifiques, ils disent n'importe quoi ! » On se croirait revenus au Moyen Âge. C'est tout simplement ahurissant ! Si telle est la logique qui prévaut dans le pays le plus riche et le plus puissant du monde, nous allons droit dans le mur. Les questions écologiques devraient pourtant primer sur toutes les autres qui, sinon, d'ici une génération ou deux, ne se poseront peut-être même plus. Il faut agir maintenant, sans plus tarder. La tâche qui nous attend ne sera pas facile. Nous aurons bien des obstacles à surmonter, bien des barrières à franchir, bien des batailles à remporter. Mais, si nous ne persévérons pas, si nous ne faisons pas entendre notre voix, quel avenir pouvons-nous espérer ?

QUESTIONS DE OCCUPY BOSTON

Pour remédier au dysfonctionnement politique des États-Unis, ne pourrait-on envisager d'amender la Constitution pour abolir la personnification des entreprises ou, du moins, interdire le financement des partis politiques par les entreprises privées ?

Voilà des mesures qui me semblent tout à fait judicieuses mais, sans le soutien actif des citoyens, elles ne seront jamais concrétisées. Si le mouvement Occupy était la force motrice de ce pays, les choses avanceraient bien plus vite. Hélas, pour l'immense majorité, les gens n'ont aucune idée de ce qui se passe. Les sondages montrent tout de même que les citoyens informés sont favorables à des mesures de ce genre. Notre mission première consiste à descendre dans la rue pour faire comprendre aux gens de quoi il retourne, en quoi ils peuvent contribuer au mouvement et quelles sont les conséquences de leur inaction.

Le débat sur la notion juridique de personne est très intéressant, mais il convient d'en préciser les termes. Aujourd'hui, la Constitution américaine est considérée comme intouchable. Prenez le cinquième amendement, par exemple : il fait valoir que « nul ne pourra être privé de sa vie, de sa liberté ou de ses biens sans avoir fait l'objet d'une procédure légale ». Or, dans l'esprit des pères fondateurs, cette clause ne s'appliquait pas à tout le monde. Les Indiens, entre autres, n'avaient aucun droit. Les esclaves eux aussi avaient le statut de sous-hommes. Ils n'étaient pas considérés comme des personnes. Souvenez-vous que les femmes elles non plus n'étaient pas considérées comme des personnes de plein droit.

Cette conception a été rectifiée au fil du temps. Au lendemain de la guerre civile, le quatorzième amendement est venu accorder aux « sous-hommes » le statut de citoyens à part entière. En principe, du moins. Car, bientôt, on a trouvé d'autres moyens de criminaliser les Noirs et de rétablir une forme d'esclavage. Et ça continue à l'heure actuelle avec le processus de mondialisation néolibérale, qui s'acharne à précariser et à marginaliser une partie de la population. Cette marginalisation, accentuée par les notions de classe sociale, de race et d'ethnicité, stigmatise surtout les Afro-Américains et, dans une moindre mesure, les Hispaniques.

Au fil du temps, la catégorie juridique de « personne » a été réformée de deux manières. D'une part, on l'a élargie de façon à y inclure les entreprises, entités fictives instituées et protégées par l'État. Par extension, les tribunaux en sont venus à « personnifier » les dirigeants d'entreprises. D'autre part, on a restreint cette catégorie de façon à en exclure les sans-papiers qui ont ainsi été déchus de leur « personnalité ». C'est ce qui se passe en ce moment même. Les mesures auxquelles vous faites allusion vont dans ces deux directions. Elles élargissent la catégorie de personnes pour y inclure les personnes morales, dont les droits prévalent désormais sur ceux des personnes physiques, et elles excluent les immigrés d'Amérique centrale, dont la patrie a été détruite par les États-Unis, et ceux du Mexique, pays laissé exsangue par la concurrence déloyale que lui mène une agriculture américaine abondamment subventionnée. En adoptant l'Accord de libre-échange nord-américain en 1994, l'administration Clinton était bien consciente qu'elle porterait un coup fatal à l'économie mexicaine. Comme par hasard, la même année, la frontière avec le Mexique était placée sous surveillance militaire. Nous en payons aujourd'hui les conséquences : les immigrés mexicains ne sont pas considérés comme des personnes de plein droit.

Cette notion de personnalité, on l'aura compris, est particulièrement épineuse. Elle mérite d'être définie plus précisément, d'être entièrement comprise et appliquée correctement. Pour cela, il faut que les citoyens se mobilisent, qu'ils prennent conscience de la situation et qu'ils y réagissent. C'est bien beau de préconiser des mesures : encore faut-il qu'elles soient portées par une mobilisation citoyenne, par une volonté générale de les mettre en œuvre.

Avons-nous à craindre que la classe dirigeante américaine instaure un régime fasciste ?

Franchement, cette éventualité me paraît très improbable. Il y a cent ans, en Grande-Bretagne et aux États-Unis, nations qui étaient alors les plus libres du monde, les classes dirigeantes ont compris qu'elles ne pourraient plus contrôler le peuple par la force. Les citoyens avaient réussi à s'affranchir de leur joug, comme en témoignent les textes de la classe dominante de l'époque.

Cette dernière s'est rendu compte que, pour asservir le peuple, il lui fallait désormais appliquer une autre stratégie. Il ne suffisait plus d'asséner des coups de matraque. La matraque pouvait encore s'avérer utile, mais elle n'était plus aussi efficace pour dompter les masses. C'est alors qu'on a inventé les relations publiques. Cette industrie est apparue aux États-Unis et en Angleterre, pays libres qui avaient besoin de se doter d'un nouvel arsenal pour manipuler les esprits, pousser à la consommation, promouvoir la passivité, l'apathie, le divertissement et toutes ces échappatoires qui ne nous sont que trop familières. Le lavage de cerveau est redoutable, certes, mais il ne l'est pas tant que la torture et la Gestapo. Je ne pense pas qu'il existe des conditions pour que s'instaure un régime ressemblant au fascisme.

Selon vous, la grève est la dernière étape avant l'autogestion : pensez-vous aujourd'hui que la grève générale soit une stratégie efficace pour nous sortir de l'impasse ? Et seriez-vous disposé à vous faire le porte-parole de la volonté démocratique des États-Unis ?

Ma voix ne vous serait pas d'un grand secours. D'ailleurs, pourquoi vouloir absolument désigner un leader ? C'est à vous de prendre votre destin en main !

[*Applaudissements*] Nos représentants, nous devons les choisir nous-mêmes et pouvoir les démettre de leurs fonctions, sans tomber dans un système de contrôle et de hiérarchie.

Votre question sur la grève générale rejoint les questions posées précédemment. La grève peut évidemment être envisagée comme une possibilité, mais seulement à condition que les citoyens soient prêts. Il ne suffit pas de se planter là et de déclarer la grève générale. Il faut que cette décision soit approuvée, qu'elle fasse l'objet d'un consensus, qu'elle implique une volonté, une prise de risque consentie par le plus grand nombre. Pour cela, il faut pouvoir compter sur des citoyens organisés, informés, militants. Or, éduquer les citoyens, ce n'est pas simplement leur dicter ce qu'ils doivent penser ; c'est les amener à faire leur propre apprentissage.

Vous connaissez sans doute la célèbre formule de Karl Marx : il ne s'agit pas de comprendre le monde, il s'agit de le transformer. Certes. Mais, pour transformer le monde de manière constructive, mieux vaut commencer par le comprendre. Pour cela, il ne suffit pas d'assister à une conférence ou de lire un bouquin, même si ça peut servir. Comprendre, c'est apprendre.

Et l'apprentissage se fait par la participation. On apprend au contact d'autrui, sur le terrain. Il s'agit d'acquérir l'expérience et le savoir-faire qui nous permettront d'élaborer une stratégie efficace. Cet apprentissage ne se fera pas du jour au lendemain. C'est un processus de longue haleine, qui demande de la persévérance.

À mes yeux, le mouvement Occupy a le mérite de tisser des liens, des associations, des d'associations et des réseaux, qu'il s'agisse de cuisines collectives ou d'autres initiatives de ce genre. Il faut d'abord que ce mouvement se perpétue et se diffuse auprès du grand public qui n'a pas encore pris la mesure de la situation. Alors seulement il sera temps de s'interroger sur la stratégie à mettre en œuvre. Une grève générale, pourquoi pas ? Quand l'heure viendra, elle pourrait en effet s'avérer pertinente.

Nous avons deux question à propos de Occupy, au niveau mondial : comment identifier efficacement des problèmes afin de réaliser des changements ? Et devrions-nous formuler des exigences ?

L'essentiel, c'est de lancer des propositions, de formuler des idées, sans qu'elles fassent forcément consensus. Que cent fleurs s'épanouissent, comme disait l'autre ! Les possibilités sont innombrables. Parmi les plus pertinentes, certaines sont réalisables dès maintenant. Empêcher la commission sur le déficit de porter un coup fatal à la société dans les semaines à venir. Voilà un objectif à court terme.

Il est d'autres actions qui s'inscrivent sur le plus long terme, comme celles que j'ai mentionnées : aider les travailleurs de la banlieue de Boston à reprendre en main leur usine, au lieu de se retrouver au chômage. Des initiatives de ce genre mériteraient d'être étendues à l'ensemble du secteur industriel. On pourrait également faire en sorte que les États-Unis, au lieu de rester à la remorque, participent de façon significative aux efforts déployés par la communauté internationale pour contrer la menace que le réchauffement climatique fait peser sur la planète. Voilà des projets réalisables. L'abolition de la personnification d'entreprises en est un autre : il faudrait remédier à ces distorsions qui ont consisté à la fois à élargir la catégorie juridique de personne pour y inclure les entreprises et à la restreindre pour exclure tous ceux que le droit définit comme des sous-hommes. Bien d'autres revendications pourraient être formulées. Nous ne serons pas forcément tous d'accord sur leur degré de priorité ni même sur leur définition, mais cela ne devrait pas nous empêcher de les promouvoir collectivement. Ensemble, nous pouvons changer les choses.

Faut-il refondre tout le système ? Et comment mobiliser l'opinion publique dans ce sens ?

Pour mobiliser l'opinion publique, il n'y a pas d'autre moyen que de descendre dans la rue et d'aller à la rencontre des gens, dans les églises, les associations, les écoles, les syndicats... Ouvrir le dialogue, se mettre à leur écoute et les amener à une prise de conscience. C'est là une démarche très concrète.

Le système électoral américain est assurément dysfonctionnel, comme en atteste la fracture entre les politiques publiques et la volonté populaire. Mais certains de ces dysfonctionnements peuvent être corrigés au plus vite. Nous sommes à la veille des primaires de l'élection présidentielle. Imaginons que nous vivions dans une société véritablement démocratique : à quoi pourrait bien ressembler une élection primaire dans le New Hampshire, par exemple ? Les citoyens se réuniraient pour discuter et débattre des politiques qu'ils souhaitent voir mises en œuvre. Un peu comme ce qui se passe ici, dans le mouvement Occupy. Ils s'accorderaient sur une définition de la politique idéale. Le jour où un candidat viendrait leur servir son baratin, ils l'arrêteraient tout de suite : « Écoutez, voilà ce que nous voulons. À vous de nous convaincre que vous en êtes capable. Si vous êtes crédible, on votera pour vous. » Voilà comment les choses se passeraient dans une société véritablement démocratique.

Dans la société qui est la nôtre, ça se passe comment ? Le candidat débarque, flanqué de ses conseillers de campagne, et il annonce : « Voyez quel chic type je suis ! Moi, je vous promets de faire ceci et cela. » Bien évidemment, personne même le plus sot, n'en croit un traître mot. Peut-être qu'on votera pour lui, peut-être pas. Où est la démocratie, dans tout ça ?

La démocratie véritable n'a rien d'utopique. Dans un premier temps, il suffit qu'elle s'exerce à l'échelle locale, pour entraîner ensuite une réforme radicale de tout le système. Évidemment, il faudrait commencer par lutter contre la corruption des hommes politiques, ce qui n'est pas une mince affaire. Pourquoi ne pas élire d'abord nos représentants locaux ? Ce serait déjà ça !

Revenons sur la question du déficit. Les citoyens ont conscience que ce n'est pas là le problème principal, ni même un problème majeur. Ils savent bien quelles mesures devraient être mises en œuvre pour y remédier : augmenter l'imposition des grandes fortunes, revenir au modèle de la croissance, maintenir et renforcer les acquis sociaux. Il existe cependant une autre solution dont on se garde bien de nous parler. Le déficit serait tout simplement résorbé si notre système de santé était digne d'un pays développé. [*Applaudissements*] C'est une réalité, ça n'a rien d'utopique. Exiger de notre système de santé qu'il soit aussi performant que celui d'autres pays développés, ce n'est pas une élucubration de gauchistes ! [*Rires*]

Le système de santé américain, on le sait, est une aberration. Son coût par habitant est deux fois plus élevé que dans d'autres pays développés, alors que ses performances sont déplorables : un grand nombre d'Américains ne bénéficient d'aucune assurance médicale. Et on voit mal comment cette situation pourrait s'améliorer. L'assurance-santé gérée par l'État est problématique dans la mesure où elle repose sur un système privatisé, déréglementé et dysfonctionnel. À Washington, ce sujet est tabou. Les milieux financiers censurent un débat que les Américains attendent. La population est majoritairement favorable à une réforme du système de santé, mais les institutions financières, désormais toutes-puissantes, interdisent d'en parler. Pourtant, on pourrait changer tout cela. Ce n'est pas une mission impossible. Si le déficit est problématique, voilà au moins quelque chose que l'on peut faire pour y remédier.

L'autre solution, vous la connaissez tous : réduire le budget extravagant de l'armée, dont les dépenses équivalent à celles de toutes les armées du monde additionnées. Notre armée n'assure pas notre défense. Au contraire, elle nous fait du tort. Pourquoi l'accepterions-nous ?

Il existe donc plusieurs mesures qui seraient tout à fait réalisables. Il s'agit de formuler des propositions et de les soumettre aux citoyens de manière convaincante. Dans l'ensemble, ils approuvent déjà la plupart d'entre elles. Mais il faut que les citoyens s'imposent comme une force active et engagée. Alors seulement on pourra espérer arriver à quelque chose.

Professeur Chomsky, que pensez-vous du financement public des campagnes électorales ?

Ce que j'en pense ? Je dis « chiche ! » Choisissons nos représentants. Finançons-les. Votons pour eux. Si les entreprises vont distribuer leur argent ailleurs, que ce soit pour acheter des produits de luxe ! Un financement public est possible, à condition que les citoyens s'organisent et s'engagent. Les propositions de réforme sont multiples mais elles nous ramènent toutes à ce constat de base : seule une société civile organisée et motivée sera capable de les mettre en œuvre. Cette perspective ouvre des perspectives infinies, dont celle-ci.

Quel bilan tirez-vous du mouvement Occupy the Hood[1] et, plus généralement, des organisations transculturelles qui militent pour une réforme de la société ?

Je trouve ces initiatives remarquables. D'ailleurs, juste avant de venir ici ce soir,

---

1. Occupy the Hood (en référence aux *hoods*, quartiers majoritairement noirs) est une branche du mouvement Occupy qui milite au nom des personnes de couleur. (NdT)

j'ai appris que ce mouvement avait organisé sa première action hier à Boston. Espérons qu'il se répercutera dans bien d'autres villes. C'est formidable. Exactement le genre de rencontres avec la communauté qui font sens. Les gens doivent prendre leur destin en main. Je n'ai pas à dire aux militants de Occupy quoi faire et, même si je le faisais, ils ne devraient pas m'écouter. Ils sont les mieux placés pour le savoir eux-mêmes.

Il faut s'efforcer d'induire une prise de conscience. Il ne s'agit pas de dire aux gens : « Voilà ce que vous devez penser. » Il faut se mettre à leur écoute. Que veulent-ils ? De quoi ont-ils besoin ? Que peuvent-ils nous apprendre ? Comment surmonter nos différences au sein d'un mouvement qui nous engage sur le long terme ? La plupart des objectifs que nous avons évoqués ici ne peuvent pas être réalisés en quelques semaines ou en quelques mois : ils supposent une longue bataille. Ceux qui ont le pouvoir ne le céderont que si on les y oblige. Et cela demande des efforts.

RETOUR SUR TRENTE ANS
DE LUTTE DES CLASSES

Entretien avec Edward Radzivilovskiy,
étudiant de la New York University à Paris
MIT, Cambridge, Massachusetts, 6 janvier 2012

Lors des manifestations qui ont eu lieu à Boston, vous avez dit : « Ce que le mouvement Occupy a de plus stimulant, ce sont les réseaux qu'il a mis en place un peu partout. Si ces réseaux se perpétuent et s'étendent, Occupy aura réussi à donner à la société un visage plus humain[2]. » On a parfois reproché au mouvement Occupy l'incohérence de ses revendications. À votre avis, certaines de ces revendications sont-elles réalistes, et lesquelles ?

Le mouvement Occupy fédère des individus très différents, venus des horizons les plus divers. Ils se rassemblent autour de quelques grandes notions générales mais,

---

2.   Noam Chomsky, « Occupy the Future », inthesetimes.com, 1er novembre 2011, http://www.inthesetimes.com/article/12206/occupy_the_future/

bien sûr, chacun exprime des préoccupations qui lui sont propres.

Occupy est un soulèvement, le premier grand soulèvement populaire, contre trente années de lutte des classes qui ont amené des mutations sociales, économiques et politiques préjudiciables à la démocratie. Le Congrès affiche aujourd'hui le taux d'approbation le plus bas de son histoire. La cote de popularité des autres grandes institutions n'est guère plus brillante. Les Américains sont en colère, frustrés, amers. Et pour cause. Voilà maintenant trente ans que les politiques mises en œuvre consistent à monopoliser les richesses au profit d'un secteur infime de la population dont 0,1 % accapare l'essentiel de la richesse, une fraction si petite qu'elle n'apparaît même pas dans le recensement. Pour la détecter, il faut procéder à des analyses statistiques infinitésimales. Ces privilégiés, gestionnaires de *hedge funds* et autres magnats de la finance, ont grassement profité du système.

[...] Nous traversons une période difficile, sans doute pas tant qu'un pays du tiers-monde, mais, dans la mesure où ils vivent dans un pays riche, les Américains évaluent leur situation et leurs perspectives à l'aune ce qui *devrait* être.

Par ailleurs, la concentration des richesses entraîne forcément une concentration du pouvoir politique qui se répercute dans la législation. Ce cercle vicieux génère de la colère, du ressentiment, des frustrations ; il creuse la fracture sociale. D'où l'importance de tisser des liens de solidarité. Face à cette crise, Occupy est la première grande réaction populaire. Certains considèrent que le mouvement Tea Party est lui aussi une réaction. C'est faux. Ses militants sont des Blancs relativement aisés. Son influence est due au soutien que lui assurent les entreprises privées et les milieux financiers dont il s'est fait le porte-flingue. Ce mouvement n'est donc en rien comparable à celui de Occupy.

Quant aux revendications formulées par Occupy, certaines d'entre elles sont largement partagées par la société civile : indignation face aux inégalités, aux magouilles des institutions financières, à la complicité de l'État qui est venu à la rescousse des responsables de la crise et leur a permis d'en sortir plus riches et plus puissants que jamais, tandis que les victimes ont été abandonnées à leur sort. Certaines de ces revendications sont très concrètes : réglementation et taxation des transactions financières, réforme de la gouvernance d'entreprise qui a amené ce genre de dérive, suppression du bouclier fiscal. Il s'agit bien là de mesures qui nous concernent tous.

Quand on demande aux militants de Occupy quelles sont leurs revendications, ils sont souvent réticents à répondre : elles émanent en effet des intérêts les plus divers. Ce que ce mouvement a de plus remarquable, c'est justement de générer un élan de solidarité qui fait cruellement défaut à notre société atomisée. Assemblées générales, débats participatifs, cuisines collectives, bibliothèques publiques, réseaux d'entraide... Autant d'initiatives qui structurent et animent une communauté vouée à s'étendre à la société civile.

Dans le magazine The Progressive, *le journaliste Colin Asher a écrit : « On a souvent comparé le mouvement Occupy Wall Street aux manifestations de la place Tahrir en Égypte. Pour moi, ce mouvement ressemble plutôt à Hooverville[3]. Il*

---

3. Bidonvilles apparus aux États-Unis pendant la Grande Dépression, sous la présidence d'Herbert Hoover. Dernier refuge des chômeurs et des sans-abri, ils étaient périodiquement démantelés par les forces de l'ordre pour occupation illégale de terrains privés. (NdT)

interpelle l'imaginaire collectif, mais il n'a rien de décisif. On ne comprend pas exactement de quoi il retourne ; les participants eux-mêmes sont bien en peine de définir leur action. Il se passe quelque chose à Wall Street, le public s'y intéresse mais, au fond, peu importe ce qui se passe[4]. »

De votre côté, vous avez fait remarquer : « La facture des élections présidentielles de 2012 s'élèvera à deux milliards de dollars, acquittés principalement grâce à des entreprises privées. On ne s'étonnera donc pas qu'Obama ait choisi des chefs d'entreprises pour constituer son gouvernement. Les Américains sont en colère mais, à moins de descendre dans la rue comme l'a fait le peuple égyptien, ils sont voués à rester des victimes[5]. »

Pour vous, Occupy est-il un mouvement anarchiste, porteur des espoirs qui s'expriment dans vos propres écrits politiques ? A-t-il vocation à faire la révolution, ou peut-il réaliser ses objectifs autrement ?

---

4. Colin Asher, « Occupy Wall St. in NYC – The Week That Was », *The Progressive,* 16 octobre 2011.

5. Noam Chomsky, « The State-Corporate Complex : A Threat to Freedom and Survival », conférence prononcée à l'université de Toronto le 7 avril 2011. http://chomsky.info/talks/20110407.htm

Revenons sur les événements survenus en Égypte. Les manifestations de la place Tahrir ont été décisives, je dirais même historiques. Les Égyptiens ont atteint leur objectif, à savoir renverser la dictature. Ils ont obtenu une plus grande liberté de la presse et des syndicats. Le mouvement Occupy n'est pas comparable. Les révolutions égyptienne et tunisienne, en effet, se sont largement appuyées sur le mouvement syndical. Leur victoire repose sur une longue tradition de militantisme ouvrier au Moyen Orient et en Afrique du nord. En Égypte, les syndicats ont longtemps été écrasés mais, parfois, ils ont obtenu gain de cause. À partir du moment où le mouvement syndical a rallié les manifestants du 6 avril, celui de la place Tahrir, ils se sont imposés comme une force majeure. Aux États-Unis, en revanche, les syndicats sont quasi inexistants. Il s'agit justement de les remettre sur pied.

Les Tunisiens, eux, ont réussi à renverser la dictature et à organiser des élections législatives qui ont amené au pouvoir un parti islamiste modéré. L'Égypte a fait des progrès mais elle est désormais sous la coupe d'une junte militaire. Les prochaines élections législatives amèneront sans doute au pouvoir ceux qui, depuis des années, organisent la société civile, à savoir les frères musulmans et les salafistes. Aux États-Unis, la situation n'est pas la même. Nous n'avons pas connu de mobilisation d'une telle ampleur. Ici, le mouvement syndical a simplement tâché de préserver des acquis sociaux menacés de disparition. Pour qu'il y ait une révolution, une révolution qui fasse sens, il faut qu'une majorité de la population prenne conscience de l'impossibilité d'engager la moindre réforme dans le cadre institutionnel existant. Or, aux États-Unis, nous en sommes encore bien loin.

Comment induire cette prise de conscience ? Faut-il une révolution ou peut-on y arriver par d'autres moyens ?

Nous sommes encore bien loin d'avoir atteint les limites de la réforme. Espérez une révolution si ça vous fait plaisir. Mais, en attendant, nous pouvons engager des actions très concrètes. Comment peut-on se demander s'il s'agit *simplement* d'un mouvement anarchiste ? Les mouvements anarchistes se fixent des objectifs bien précis. C'est ce qu'ils font depuis toujours et c'est bien là leur vocation. Et certains de ces objectifs sont largement approuvés par l'opinion publique : politique budgétaire, réglementation des institutions financières, protection de l'environnement, réforme du système électoral... Ce sont là des mesures concrètes, immédiates.

Il y a quelques jours, sous l'influence du mouvement Occupy, le conseil municipal de New York a justement adopté une résolution, à l'unanimité me semble-t-il, visant à abroger la personnification des entreprises. Cette résolution stipule que « les entreprises ne peuvent se prévaloir de l'ensemble des droits d'une personne physique. Le financement des élections par des entreprises privées ne saurait donc être considéré comme relevant de la liberté d'expression que la Constitution garantit à toute personne. Le Congrès a ainsi été sommé d'amender la Constitution[6]. C'est là une initiative qui va loin. La question de la personnification morale est en effet très populaire aux États-Unis. La réformer équivaudrait à renverser un siècle de décisions juridiques qui ont accordé aux entreprises et à des entités fictives cautionnées par l'État des droits et un pouvoir indus. Les citoyens sont hostiles à cette notion, à

---

6. New York City Council, Résolution 1172, 4 janvier 2012.

juste titre. La réforme a déjà été amorcée dans les esprits ; reste maintenant à l'entériner dans les faits.

Sur le plus long terme, on peut envisager bien d'autres actions. Les États-Unis voient se multiplier les entreprises autogérées. C'est là le résultat d'un effort engagé il y a plus de trente ans, quand US Steel a annoncé la fermeture de l'une de ses plus grandes usines. Les travailleurs et la communauté locale s'en sont portés acquéreurs et ont proposé de l'autogérer, dans une démarche qui relevait pour ainsi dire de la démocratie industrielle. Ils ont plaidé leur cause devant les tribunaux mais ils ont été déboutés. Un soutien massif de l'opinion publique leur aurait pourtant permis d'obtenir gain de cause. Toujours est-il que leurs efforts ont ouvert la voie à d'autres initiatives. Aujourd'hui, dans l'Ohio, tout un réseau d'usines autogérées s'est mis en place.

Faut-il voir là une réforme ou une révolution ? Si ce mouvement prend de l'ampleur, on pourra parler de révolution dans la mesure où la structure institutionnelle de la société s'en trouvera radicalement modifiée. Nombre de ces initiatives sont d'ailleurs soutenues par les conservateurs, parce qu'elles ne recouvrent pas le clivage gauche droite. Certaines actions répondent véritablement aux attentes des citoyens. Et elles sont réalisables, ici et maintenant. Je suis convaincu que ces initiatives méritent d'être explorées plus avant, avec le soutien de mouvements comme Occupy.

En Égypte, où la situation est tout autre, les citoyens sont en proie à des inquiétudes très immédiates : quel sera le pouvoir dévolu au régime militaire ? Sera-t-il contesté par les islamistes implantés dans les bidonvilles et les campagnes ? Quel rôle sont appelés à tenir les éléments laïques et démocratiques, à l'origine des manifestations de la place Tahrir ? Ce sont là des préoccupations très concrètes, auxquelles les Égyptiens doivent apporter une réponse au plus vite. Les problèmes qui se posent aux Américains ne sont pas du même ordre, mais ils sont parfois comparables. En Égypte comme aux États-Unis et dans le reste du monde, nous assistons à un soulèvement, à mon sens bien trop tardif, contre la politique néolibérale qui nous est imposée depuis trente ans. Le néolibéralisme s'est manifesté sous des formes diverses selon le contexte mais, dans tous les cas, il s'est avéré extrêmement préjudiciable à la société civile et n'a profité qu'à quelques privilégiés.

L'Institut américain de politique économique a récemment publié un opuscule intitulé *Failure by Design : The Story behind America's Broken Economy* [Une faillite intentionnelle. Comment l'économie américaine s'est effondrée]. Qualifier cette faillite d'« intentionnelle » est exact. La crise, en effet, n'est pas une conséquence des lois de la nature ni des principes de l'économie, si tant est qu'ils existent. Elle relève d'une décision réfléchie, d'une stratégie élaborée par les nantis et les puissants pour dicter un modèle social qui serve leurs intérêts. Voyez ce qui se passe en ce moment même à la Banque centrale européenne (BCE). Plusieurs économistes nobélisés estiment que la politique d'austérité prescrite par la BCE ne peut qu'aggraver la récession. À ce jour, il semblerait que leur analyse ait été confirmée par les faits.

En période de récession, on a besoin de croissance, pas d'austérité. L'Europe dispose des ressources nécessaires pour relancer la croissance. Or la BCE s'y oppose. Pourquoi ? Pour comprendre les finalités d'une telle politique, il suffit de s'interroger sur ses conséquences prévisibles : l'austérité sape les fondements de la social-démocratie et de la sécurité sociale ; elle porte préjudice aux travailleurs et génère une société toujours plus inégalitaire, où le pouvoir est aux mains des patrons et des riches. Au fond, cette « faillite intentionnelle » nous ramène à la lutte des classes.

La notion de société anarchiste prête à toutes sortes d'idées fausses. Pour vous, la société anarchiste est-elle une version radicale de la démocratie ?

Je commencerai par souligner que nul n'est propriétaire du concept d'anarchie. Le mouvement anarchiste se déploie sur un éventail très large, il recouvre les tendances les plus diverses. Il n'y a donc pas de sens à vouloir définir *une* société anarchiste. Ceux qui se réclament de l'anarchie ne partagent pas forcément les mêmes conceptions.

Cela étant, militants et théoriciens anarchistes s'accordent pour envisager une société très organisée, très structurée, mais sur la base d'une participation libre et volontaire. Les usines autogérées de l'Ohio, par exemple, s'inscrivent indéniablement dans une tradition anarchiste.

Confier la propriété et la gestion des entreprises aux travailleurs qui s'associent librement les uns aux autres, voilà un grand pas en avant. Ce modèle pourrait d'ailleurs être appliqué à l'échelle mondiale. Il s'agit donc bien ici d'une conception démocratique de société structurée et organisée, où le pouvoir appartient à la base. Cela ne veut pas dire qu'il n'y ait pas de représentants. Il peut y en avoir, à condition qu'ils soient révocables et soumis au contrôle des citoyens.

Quels sont les penseurs politiques qui ont préconisé ce modèle social ? Adam Smith considérait que les marchés et la « main invisible » des choix individuels amèneraient à une société égalitaire et participative. Son raisonnement est certes contestable, mais ses conclusions sont pertinentes, et elles ne datent pas d'hier. On les trouve déjà dans le premier véritable traité politique qu'est la *Politique* d'Aristote. Pour avoir passé en revue les différents systèmes politiques, Aristote affirmait que la démocratie était le moins mauvais. Mais, selon lui, elle ne serait viable que dans le cadre d'une société relativement égalitaire. Les mesures qu'Aristote préconisait pour Athènes correspondent à ce que nous appellerions aujourd'hui l'État-providence.

Ces conceptions ont été approfondies au siècle des Lumières, notamment. Mais je ne crois pas que quiconque ait le droit de déclarer : « Voilà ce que devrait être une société anarchiste. » Certains prétendent définir cette société jusque dans les moindres détails ; pour ma part, et sur ce point je rejoins Marx, je pense que c'est à nous d'en décider, en toute liberté. Nous sommes les mieux placés pour définir les modèles sociaux et communautaires qui nous conviennent.

Le philosophe Martin Hollis s'est intéressé aux modalités de l'action humaine, aux sciences sociales et à la rationalité. Selon lui, les théories sociales anarchistes reposent sur une vision excessivement optimiste de la nature humaine. Au fond, l'anarchie n'est tenable que si les hommes sont naturellement bons. Or l'histoire a souvent démenti ce postulat. L'anarchie serait donc une forme d'idéalisme. Vous qui défendez des idéaux anarchistes, comment répondriez-vous à cette critique ?

Il est toujours possible de répondre à des arguments. Mais comment répondre à des opinions ? Si quelqu'un vient m'exposer ses opinions ou ses croyances, je ne vois pas ce que je pourrais trouver à redire. Tout ce que je peux faire, c'est lui demander sur quoi reposent ses croyances, quelles preuves il peut en apporter, quelle est sa conception de la nature humaine. Mais que sait-on de la nature humaine ? Il s'agit donc d'une expression de sa croyance, qu'il est bien en droit de la formuler. Rien ne permet d'en déterminer la vérité ou la faus-seté. Et d'ailleurs, peu importe. De toutes les façons, nous continuerons de militer pour la liberté, la justice, la participation, la démocratie. Voilà les objectifs que nous nous fixons, dans les limites des moyens qui sont les nôtres. Quoi qu'en disent les uns et les autres, nous persévérerons dans nos politiques et dans nos choix.

INTEROCCUPY

Conférence InterOccupy en présence de Noam Chomsky, Mikal Kamil et Ian Escuela, le 31 janvier 2012. Questions formulées par les militants de Occupy. Le site InterOccupy.org rassemble des assemblées générales, des ateliers de réflexion et des militants issus des différentes branches du mouvement Occupy.

Le mouvement Occupy vient d'amorcer sa deuxième phase. Nos principaux objectifs consistent désormais à 1) investir la sphère publique et sensibiliser l'opinion publique ; 2) contester la répression du mouvement en faisant valoir la liberté de réunion et d'expression des 99 % ; 3) abolir la personnification des entreprises. Trois objectifs qui se recoupent et sont indissociables.

Dans la conjoncture actuelle, que pensez-vous des réactions suscitées par notre mouvement, de la répression des libertés civiques et de la collusion entre les milieux financiers et politiques ?

Occupy a fait l'objet d'une couverture médiatique mitigée. Dans un premier temps, les médias ont minimisé l'événement, ils ont ridiculisé ceux qui y participaient, ils n'y ont vu que des enfantillages. Ce point de vue a évolué. L'une des plus éclatantes victoires remportées par le mouvement Occupy a consisté à renverser les préjugés et les tabous. Occupy a propulsé sous les projecteurs des réalités qui étaient jusqu'alors occultés, comme l'écart entre les 99 % et le 1 %, le creusement dramatique des inégalités au cours des trente dernières années, l'accaparement des richesses aux mains d'une fraction infinitésimale du 1 %. Occupy a dénoncé haut et fort cette répartition injuste des richesses.

Pour la plupart, les Américains ont vu leurs revenus réels stagner, voire décliner. Les prestations sociales ont été réduites à peau de chagrin. Le temps de travail s'est alourdi. Nous ne vivons certes pas dans la misère du tiers-monde, mais le niveau de vie des Américains n'est pas digne d'un pays riche. Ici, les richesses abondent, mais elles ne profitent pas à tous. Occupy a permis de dénoncer cette situation, d'en faire un véritable sujet de débat. Même la terminologie du mouvement est entrée dans le langage courant. C'est un phénomène sans précédent !

Un institut de recherche indépendant vient de publier les résultats de son sondage annuel sur les sources de tension et de conflit dans la société américaine. Pour la première fois, ce sont les inégalités qui sont citées au premier plan. Non pas tant les inégalités de revenus en soi, que leur perception dans l'opinion publique. Cette prise de conscience, on la doit aux efforts du mouvement Occupy. Les victimes du système savent désormais qu'elles ne sont pas seules, que cette situation nous concerne tous. À l'heure actuelle, les États-Unis affichent un record d'inégalités.

Ce rapport indépendant fait apparaître que « le mouvement Occupy Wall Street s'est propagé bien au-delà de Wall Street. La lutte des classes est devenue un motif central dans l'imaginaire national. D'après le dernier sondage en date, environ deux tiers (66 %) des 2 048 Américains interrogés estiment que les conflits entre riches et pauvres sont « très marqués » ou « marqués ». Soit 19 points de pourcentage de plus qu'en 2009. La perception de la lutte des classes a pris de l'ampleur et le public considère que ces conflits se sont accentués[7]. »

Pourtant, le mouvement Occupy a eu des échos ambivalents dans les médias. La presse économique lui a parfois consacré des articles assez bienveillants mais, dans l'ensemble, les commentateurs se sont gendarmés : « Pourquoi venir nous casser les pieds ? Où est leur programme politique ? Qu'est-ce qu'ils espèrent ? » Comme on pouvait s'y attendre, la répression a sévi. Elle s'est exercée sur l'ensemble du territoire, avec plus ou moins de violence. Plusieurs campements ont été démantelés, d'autres ont dû prendre des formes différentes. Les journalistes se sont indignés de certaines pratiques policières, comme l'usage de gaz lacrymogènes pour disperser les manifestants. Mais la réaction dominante a consisté à dire : « Qu'ils dégagent ! Qu'ils nous fichent la paix ! » Une réaction hélas prévisible.

Comment parer à ces objections ? Vous avez vous-même suggéré une réplique : il faut que le grand public

7.   Rich Morin, « Rising Share of Americans See Conflict Between Rich and Poor », *Pew Research Center*, 11 janvier 2012.

rallie le mouvement. Les revendications de Occupy recueillent déjà une large adhésion. D'après les sondages, elles sont même perçues comme prioritaires. Mais comment mobiliser la population ? Comment faire pour que les gens se sentent concernés et passent à l'acte ? Il est impératif d'aller à leur rencontre. Il ne suffit pas de leur transmettre un message. Il faut s'employer à faire reconnaître l'un des principaux mérites du mouvement, un mérite dont les médias ne parlent pas assez : œuvrer pour la solidarité, la démo-cratie, l'entraide. Dans une société où la vie de quartier se délite, où les communautés se désagrègent et où chacun reste dans son coin, c'est une question de survie.

L'idéologie du chacun pour soi ne s'est pas imposée d'elle-même. Pour qu'elle prévale, il a fallu déployer bien des efforts. Elle est tellement inhumaine, cette menta-lité qui consiste à se préoccuper unique-ment de soi et à faire comme si les autres n'existaient pas ! On en trouve une version extrême dans l'œuvre d'Ayn Rand. Voilà l'idéologie que l'on nous inflige depuis plus d'un siècle.

Au début de la révolution industrielle, dans le Massachusetts, la presse ouvrière était particulièrement dynamique. Elle publiait des articles stimulants, elle avait beaucoup de lecteurs et elle était très appréciée. Elle condamnait haut et fort les privations de liberté et les hiérarchies sclérosantes que le secteur industriel faisait subir aux travailleurs. Elle dénonçait « le nouvel esprit des temps : l'accumulation égoïste des richesses ». Cela fait donc cent cinquante ans que l'on s'acharne à promouvoir ce « nouvel esprit des temps », tellement détestable et inhumain qu'il se heurte, aujourd'hui encore, à une forte résistance.

Le mouvement Occupy est l'exact opposé de cette mentalité. Les militants ne défendent pas des intérêts catégoriels : ils se battent les uns pour les autres, pour la société en général et pour les générations à venir. Si ce réseau de solidarité se renforce et gagne la société dans son ensemble, il nous servira de rempart contre la répression et la violence.

Comment le mouvement Occupy peut-il résoudre ces problèmes ? Quelles méthodes doit-il mettre en œuvre ? À votre avis, faut-il décentraliser les bases d'opérations ?
Il faut occuper un maximum le terrain, qu'il s'agisse d'espaces publics ou privés. La nature des terrains occupés

relève d'une décision tactique qui doit se fonder sur une analyse au cas par cas, selon le degré de soutien ou d'opposition. Ces conditions varient d'un endroit à l'autre, il n'y a pas de formule qui marche à tous les coups. Pour ce qui est des méthodes, il s'agit d'amener les Américains à comprendre que leurs préoccupations renvoient à un mouvement de solidarité qui les dépasse. Il n'existe pas de recette unique.

Si vous visitez tel ou tel quartier, vous verrez que les riverains se posent des questions toutes simples : aménagement de passages piétons pour les écoliers, éviction de leurs voisins surendettés, création d'entreprises locales autogérées qui échappent aux délocalisations ordonnées par le conseil d'administration d'une multinationale sans âme. Ce sont là des problématiques concrètes, sur lesquelles il est possible d'intervenir. Bien d'autres actions sont envisageables, à commencer par la dénonciation des violences policières et de la corruption. Il faudrait également ancrer les médias dans la communauté, les rapprocher du peuple, des minorités ethniques, des ouvriers. Tout cela, on peut le faire, à condition d'être motivés et solidaires.

J'ai à l'esprit plusieurs initiatives sur lesquelles nous pourrions prendre exemple. Il y a quelques années, au Brésil, j'ai eu l'occasion de rencontrer Lula avant qu'il ne soit élu président. Il était alors représentant syndical et je l'ai accompagné dans quelques-uns de ses déplacements. Un jour, nous sommes allés dans une banlieue de Rio. Au Brésil, les pauvres sont parqués dans les périphéries urbaines et les riches occupent les centres-villes. Ces banlieues misérables abritent des millions d'habitants. Dans une chaleur semi-tropicale, Lula m'a fait visiter une place très animée. Vers 21 h, à l'heure du *prime time*, une petite troupe de journalistes s'est installée au milieu de la place. Sur le toit de leur camionnette, un écran diffusait des courts-métrages réalisés et joués par les membres de la communauté locale. Certains de ces sketchs étaient de purs divertissements ; d'autres traitaient de sujets graves, comme le surendettement ou le sida. Pendant les intermèdes, les acteurs circulaient parmi les spectateurs pour recueillir leurs impressions et ce micro-trottoir était diffusé simultanément sur l'écran. Les badauds eux aussi ont réagi et bientôt un dialogue s'est établi. Les gens se sont mis à débattre de sujets qui les concernaient tous.

S'il est possible de lancer le débat dans les banlieues brésiliennes, pourquoi pas ailleurs ? Je ne dis pas qu'il faille appliquer exactement la même formule, mais ce genre d'initiatives est susceptible de mobiliser les citoyens, de leur donner le sentiment d'appartenir à une communauté : ensemble, ils ont les moyens d'élaborer une politique qui réponde véritablement à leurs attentes.

Des initiatives les plus modestes jusqu'à l'autogestion des usines, l'éventail des possibles est infini. Je ne pense pas qu'aucun mouvement populaire doive suivre une formule unique. Il suffit d'un peu d'imagination, d'esprit initiative et de militantisme pour ouvrir l'horizon des possibles et faire entendre notre voix. La résistance passe par une mobilisation de l'opinion publique.

Comment en finir avec la corruption des hommes politiques ? Et comment impliquer la société civile dans ce combat ?

Empêcher la collusion des milieux politiques et des milieux d'affaires a toujours été un enjeu décisif. Il l'est encore plus à l'heure actuelle. Les élections telles que nous les connaissons sont une mascarade : tous les quatre ans, les électeurs sont priés de mettre leur bulletin dans l'urne et de rentrer sagement chez eux. Pour changer les choses, plusieurs actions sont possibles. Amender la constitution pour abolir la personnification d'entreprises, notamment. Nous en sommes encore loin. Mais, dans l'immédiat, on peut envisager d'autres méthodes. [...]

Le mouvement Occupy s'est largement inspiré de l'anarchisme. Comment rendre tout son sens à ce courant et venir à bout des stéréotypes négatifs auquel il est associé dans l'esprit des gens ?

Pour venir à bout des stéréotypes, il convient de mener une action concrète et constructive, à laquelle les citoyens puissent adhérer. L'instauration de réseaux d'entraide et d'une démocratie participative, voilà un projet que les gens peuvent comprendre, auquel ils peuvent accorder de la valeur et qu'ils peuvent transposer d'une façon ou d'une autre au sein de leur propre communauté. C'est le seul moyen de se défaire des stéréotypes et de faire valoir notre conception de la liberté et de la solidarité. Ces notions se construisent sur le terrain et elles sont d'autant plus convaincantes qu'elles sont mises en application.

Que pensez-vous de la tentative des démo-crates pour « récupérer » le mouvement Occupy ? Sur quels points devons-nous être vigilants et refuser le compromis ?

Voilà bien longtemps que les républi-cains ne font même plus semblant d'être un parti politique. En se mettant à la solde de quelques privilégiés, ils ont perdu leur crédibilité en tant que parti. Ils rabâchent leur catéchisme comme le faisaient jadis les apparatchiks communistes. Ils font bien quelques concessions pour s'assurer une base électorale, outre le 1 %. Ils draguent des secteurs de la population qui existent depuis longtemps mais ne sont pas très bien organisés politiquement, comme les xénophobes qui s'inquiètent de se voir retirer leurs droits et leur patrie, etc.

Dans les rangs démocrates, la probléma-tique est autre. Leur électorat est différent, certes, mais ils sont engagés sur la même voie que les républicains. Les démocrates centristes d'aujourd'hui ressemblent étrangement aux républicains modérés d'hier. Ce sont eux qui noyautent le parti démocrate. Soucieux de rassembler, de mobiliser et de récupérer les électeurs qui soutiennent leurs intérêts, ils ont ainsi tourné le dos aux travailleurs blancs pour miser plutôt sur les hispaniques, les Noirs, les progressistes. Ils s'imaginent que, pour récupérer les syndicats et les militants de Occupy, il suffit de leur donner une tape dans le dos : « Je suis avec vous. Votez pour moi ! » Mais nous savons qu'on ne peut pas se fier à ces déclarations d'intention et qu'il faut maintenir la pression.

À propos de la collusion entre les milieux financiers et politiques, je citerai le sénateur Mark Hanna. Quand on lui demandait ce qui importait le plus en politique, il répondait : « Premièrement : l'argent ; deuxièmement : l'argent ; troisièmement : j'ai oublié. » C'était il y a près de cent ans. Depuis, la situation ne s'est pas arrangée. Les riches essaient bien évidemment d'utiliser leur argent pour peser sur le système politique, l'influencer et l'asservir à leurs intérêts. Quoi de plus logique ? À nous de trouver une parade.

Dans l'un de ses traités politiques, David Hume affirmait que le pouvoir était aux mains des gouvernés, non des gouvernants. Que ce soit dans une société féodale, dans une dictature militaire ou dans une démocratie parlementaire, en effet, le pouvoir est toujours aux mains des gouvernés. Pour garder la main, les dirigeants doivent contrôler les esprits et les comportements. Le constat que Hume établissait au XVIIIᵉ siècle vaut encore à l'heure actuelle. Le pouvoir est entre les mains du peuple. Mais, maintenant que les citoyens ont acquis des droits, le contrôle ne s'exerce plus tant par la force que par la propagande, le consumérisme, le racisme... On n'en viendra sans doute jamais à bout, mais il nous faut trouver l'énergie d'y résister.

Je veux bien voter pour tel ou tel candidat, à condition qu'il tienne ses promesses. Notre société serait cependant plus démocratique si nous avions la possibilité de révoquer nos élus. Il y a d'autres manières de faire pression sur les candidats, sans se laisser récupérer par un parti politique. Nous avons des décisions à prendre, des choix à faire.

En quoi les idées de Gramsci rejoignent-elles votre propos ?

J'ai beaucoup d'estime pour Gramsci. C'est un penseur important. Sur plusieurs points, il est d'ailleurs d'accord avec Hume : comme lui, il a montré que l'hégémonie culturelle était établie par des systèmes de pouvoir. Son œuvre mérite d'être lue. Ce qu'il dit, nous le savons déjà. Il ne dit rien de nouveau. Mais peut-être est-ce parce que je ne l'ai pas bien lu. Lisez-le et faites-vous votre propre opinion.

Notre système économique est régi par l'idée de croissance exponentielle.

Nous sommes confrontés à un problème grave : il en va de la survie de l'humanité. Aujourd'hui, nous frôlons la catastrophe écologique. Si la croissance passe par la destruction de l'environnement, par l'émission de gaz à effets de serre, par l'abandon des terres agricoles, nous sommes au bord du gouffre. Cette situation n'est pourtant pas une fatalité. La croissance pourrait passer par une plus grande frugalité, une plus grande solidarité. Mais cela demande des efforts. Il faut des efforts et des initiatives. Les communautés mises en place par le mouvement Occupy proposent un mode de vie différent, qui n'est pas fondé sur la maximisation des biens de consommation mais sur la maximisation des valeurs humaines. Cela aussi est une forme de croissance, mais dans une autre direction.

Comment expliquez-vous la récente crise du marché immobilier ? Dans quel contexte historique en sommes-nous arrivés là et quels en sont les éléments déclencheurs ?

La crise immobilière est une conséquence

des mutations économiques survenues à partir des années 1970. Des mutations qui se sont accélérées sous Reagan et Thatcher. [...] Tout allait basculer dans les années 1970, avec l'essor du secteur financier.

Le chroniqueur financier Martin Wolf a écrit que le secteur financier parasitait les marchés à la manière d'une larve qui se nourrit aux dépens d'un organisme hôte. Cette comparaison est celle d'un économiste respecté, qui n'a rien d'un gauchiste. Voilà à quoi mène le système financier. Sans parler des délocalisations. Pourtant, ce n'est pas une fatalité. Il serait possible de préserver des conditions de production et de travail décentes dans notre pays, mais il est plus lucratif de délocaliser. Les décisions de ce genre ont eu un impact catastrophique sur l'économie. Elles ont contribué à la concentration des richesses dans le secteur de la finance et à la corruption des milieux politiques.

Nous avons été victimes d'une déréglementation effrénée. Dans les années 1950-1960, qui étaient celles d'une croissance spectaculaire, les banques étaient soumises à réglementation et on ne connaissait pas la crise. Il a fallu attendre les années 1980 pour qu'éclatent les premières bulles financières. Il y en a eu plusieurs sous

Reagan. Et l'administration Clinton s'est terminée sur l'explosion retentissante de la bulle informatique.

Ce n'est pas l'argent qui manque, mais la production réelle. Pour survivre à la période de stagnation, les ménages se sont fiés aux bulles. Dès le début des années 2000, le prix du logement a explosé. En principe, l'évolution du marché immobilier s'aligne sur celle du PIB. Or, il y a une dizaine d'années, l'immobilier a gonflé de façon dispro-portionnée. Ce phénomène, largement frauduleux, reposait sur des crédits hypothécaires et des instruments finan-ciers complexes par lesquels les banques ont morcelé les crédits. Ces mani-gances ont pris des proportions telles que la bulle ne pouvait qu'exploser. Pourtant, les économistes et la Réserve fédérale américaine n'ont rien vu venir. Les procès-verbaux de réunions de la Réserve fédérale en 2006, qui vien-nent d'être rendus publics, ne s'inquiè-tent pas de l'explosion prévisible de la bulle immobilière. Au contraire, ils se félicitent d'avoir si bien géré le pays. Ce qui devait arriver arriva : la bulle a éclaté, faisant partir en fumée quelque 8 000 milliards de dollars.

Nombre d'Américains ont tout perdu. Les Afro-Américains ont vu leur patrimoine réduit à néant. Tant que les marchés financiers ne sont pas réglementés et peuvent compter sur l'État pour les renflouer, il en sera ainsi. Ces banques sont *too big to fail*, trop grandes pour faire faillite : sachant qu'à la moindre difficulté, les contribuables seront appelés à leur rescousse, elles sous-estiment les prises de risques. Si ce n'est pas le marché immobilier, ce sera autre chose, le marché des matières premières ou autre. Ceux qui font les frais de cette économie casino, ce ne sont pas les riches et les puissants, mais les 99 % restants.

OCCUPER LA POLITIQUE ÉTRANGÈRE

Université du Maryland, 27 janvier 2012

Comment occuper le terrain de la diplomatie ?

Comme pour amener tous les autres changements. Les États-Unis sont une nation relativement libre, pleine de possibilités : politique électorale, manifestations, résistance et pressions populaires... Voilà comment il faut s'y prendre. Inutile d'aller chercher bien loin. L'intelligentsia est en plein dedans, et nous de même. Mais on peut résister par le biais de l'éducation, des publications, des associations, etc.

J'entends souvent poser cette question et je ne la comprends pas vraiment. Ce n'est pas comme en Égypte, où l'on risque d'être assassiné par les forces de l'ordre. Ici, nous sommes soumis parfois à la répression mais, comparée à d'autres pays, elle est tellement bénigne qu'elle mérite à peine que l'on en parle, en tout cas s'agissant des privilégiés. Les pauvres, eux, se prennent des coups de matraque. Mais, pour les privilégiés, tout est possible : accès à l'éducation, sensibilisation, militantisme, manifestations. La résistance peut prendre des formes diverses et efficaces.

L'histoire n'a-t-elle pas fait la preuve qu'il était possible d'engager des réformes politiques ? Le New Deal, par exemple, n'est pas sorti de nulle part. Il est le résultat d'un mouvement populaire tel que les entreprises et le gouvernement ont dû consentir à une réforme progressiste. Les dirigeants d'entreprises ont essayé de la contourner mais ils ont dû s'y résigner. Face aux grèves ouvrières, les patrons ont compris que l'étape suivante consisterait à prendre l'usine en main, à l'autogérer et à les flanquer à la porte. Comme cette perspective ne les enchantait pas, ils ont cédé sur le terrain des législations. D'autres mobilisations populaires ont permis de remporter bien d'autres victoires.

Dans les années 1960, la guerre du Vietnam a suscité des manifestations gigantesques. Si vous lisez les *Pentagon Papers*, documents confidentiels relatifs à l'implication militaire des États-Unis au Vietnam, vous verrez que dans les premiers mois de 1968 le Président avait l'intention de déployer des centaines de milliers de soldats supplémentaires au Sud-Vietnam. L'armée et l'état-major y étaient opposés car ils estimaient avoir besoin des troupes pour assurer le maintien de l'ordre aux États-Unis. La population (jeunes, femmes, minorités, etc.) menaçait de devenir incontrôlable. Sachant qu'ils auraient besoin des militaires pour contrôler la population, ils ne les ont pas déployés au Vietnam. Quand les autorités en arrivent là, c'est que ça a marché. L'État a commis d'autres abominations, des actes clandestins qui auraient pu être pires encore, mais qui sont déjà assez déplorables.

Cette situation s'est reproduite à l'occasion de la guerre d'Irak, qui a suscité des manifestations sans précédent. Pour la première fois dans l'histoire, l'opinion publique s'est mobilisée avant même que la guerre ne soit officiellement déclarée. On n'avait jamais rien vu de tel. Certains ont prétendu que ces manifestations étaient inutiles. Je ne suis pas de cet avis. Elles auraient dû continuer. Hélas, elles se sont essoufflées, laissant une plus grande marge de manœuvre pour l'intervention militaire.

La guerre d'Irak n'avait pourtant rien à voir avec celle du Vietnam. Des mesures qui, pour Kennedy et Johnson, allaient de soi n'ont pas été appliquées en Irak. Il n'y a pas eu de guerre chimique, de « contrôle de la population » au moyen de camps de concentration. Aucune de ces actions n'a été envisagée, pour la bonne raison que, cette fois, l'opinion publique n'y aurait pas consenti. Les manifestations ont eu un effet de retardement.

D'autres mouvements populaires ont eu un impact décisif. À bien des égards, les États-Unis sont une nation plus civilisée aujourd'hui qu'ils ne l'étaient dans les années 1960. Exemple : les droits des femmes. Dans les années 1960, les femmes avaient beau être investies du droit de vote depuis quarante ans, elles n'avaient toujours pas le droit de siéger dans des jurys. À cette époque, mon université était fréquentée quasi exclusivement par des hommes blancs. Aujourd'hui, il y a une diversité bien plus grande dans l'ensemble du pays. Ce changement socioculturel n'est pas arrivé par enchantement. Il n'est pas tombé du ciel. Il a été rendu possible par les militants et les associations qui ont œuvré sans relâche à abattre des barrières et à conquérir des libertés. Voilà d'où procède le changement. Et ces méthodes sont encore d'actualité.

Que pensez-vous du livre de Gar Alperovitz, America Beyond Capitalism ?

C'est un ouvrage très important, qui témoigne d'initiatives remarquables. Alperovitz y rend compte des efforts auxquels il contribue depuis plusieurs années pour établir des entreprises auto-gérées, dans l'Ohio, principalement. Voilà une initiative éminemment réalisable.

Les grands économistes classiques, qui n'ont pourtant rien de révolution-naire, s'accordent sur ce point : aucun principe, qu'il soit économique ou autre, ne justifie le fait que les action-naires priment sur les participants, les travailleurs et la communauté. Par actionnaire, je ne désigne pas ceux qui détiennent quelques actions ici ou là. L'actionnariat est très concentré ; il correspond au 1 % supérieur de la population : grandes banques, conseils d'administration interdépendants, etc. Aucune loi économique n'établit que c'est à eux de décider des politiques d'in-vestissement qui consistent notamment à sous-traiter en Chine. Aucune loi économique n'exige qu'il en soit ainsi. La production pourrait être assurée ici même, par les travailleurs américains, sans que les théoriciens de l'économie n'y trouvent rien à redire. Pourquoi le mouvement Occupy ne serait-il pas moins audacieux que les manuels d'économie ? Oui, les travailleurs peuvent investir certains secteurs menacés, les reprendre en main et les orienter vers des fins différentes. Ce sont là des actions tout à fait réalisables.

Les économistes de gauche, comme Paul Krugman, félicitent Obama d'avoir nationalisé l'industrie automobile et de l'avoir remise sur pied. Dès lors que l'État décidait de reprendre le contrôle de l'industrie automobile, plusieurs options étaient possibles. L'une d'elles consistait à la restituer au patronat, aux banques, etc. C'est l'option qui a été retenue. Une autre option, pourtant, consistait à confier l'industrie automobile aux travailleurs et à la communauté locale, principaux intéressés, et à la réorienter vers des objectifs véritablement utiles au pays. C'est ce que propose Gar Alperovitz : des actions locales et concrètes, susceptibles d'entraîner un véritable changement social. Alperovitz est l'un des rares à envisager sérieusement ce genre d'actions. Son témoignage mérite assurément d'être lu. Les initiatives dont il rend compte donnent à réfléchir. [...]

PUBLIC : *Pourrait-on entendre une question posée par une femme ?*

MODÉRATEUR : *En effet, pourquoi pas !*

UNE FEMME DANS LE PUBLIC : *En tant qu'enseignante vacataire, je suis chargée de seulement huit cours par semestre ; je ne bénéficie pas de l'assurance maladie ni de cotisations retraite. Je suis spécialisée en communication et j'étudie votre œuvre depuis quinze ans. Je voudrais savoir, au-delà de la critique (critique très judicieuse, d'ailleurs, et je vous en suis reconnaissante), quelles stratégies discursives pouvons-nous appliquer pour lutter contre le discours dominant dont on nous abreuve à l'école et dans notre vie quotidienne ? Certains de mes amis, collègues ou parents sont farouchement républicains et il m'est difficile de dialoguer avec eux. Quelles stratégies linguistiques mettre en œuvre pour faire évoluer les mentalités ?*

Dans presque toutes les conférences que je donne, la même question se pose : « Et si une femme prenait la parole, pour changer ? » Cette question ne devrait même pas se poser ! On ne demande pas : « Et si on donnait la parole à un blond ? » Le fait que cette question puisse encore se poser montre à quel point la discrimination est ancrée, internalisée. Je ne me souviens pas d'une seule conférence où cette question ne se soit pas posée. Ça laisse à réfléchir. Voilà encore une bataille à mener, ici même et dans la société en général.

Pour ce qui est des stratégies discursives, je ne crois pas qu'il y en ait d'autres que celles que nous connaissons déjà, celles qui ont fait leurs preuves, tant bien que mal. Car aucune victoire n'est jamais totale. Il y aura toujours des défaites. Mais il y a quand même des victoires. Certaines actions sont à la portée de tous. Ceux qui font partie des classes privilégiées ont encore plus de possibilités : prendre la parole, écrire, s'organiser, aller vers les autres. À force de persévérance, notre action aura un impact. Regardez le mouvement féministe : certains d'entre vous s'en souviennent peut-être. Tout a commencé par des groupuscules qui cherchaient à prendre conscience. Ces femmes se sont réunies, elles ont discuté, elles ont pris conscience de leur oppression et de la nécessité d'y résister. Si vous aviez demandé à ma grand-mère si elle se sentait opprimée, elle n'aurait sans doute pas compris ce que vous vouliez dire par là. Pourtant, elle était opprimée. Mais il n'est pas toujours facile d'en prendre conscience, surtout si personne n'en parle. Comprendre que l'on n'a pas à accepter l'oppression, que l'on a le choix d'être une femme libre et indépendante, c'est déjà un grand pas. Le mouvement féministe a franchi ce pas et il a continué d'aller de l'avant. Il s'est heurté à bien des obstacles ; ça n'a pas toujours été facile. Aujourd'hui encore, on subit un retour de bâton. Mais il ne faut pas baisser les bras.

Le mouvement des droits civiques n'est pas allé jusqu'à accomplir le rêve de Martin Luther King, mais il a tout de même amené un changement considérable. La situation reste critique, mais ce n'est rien comparé à l'Alabama en 1960. Ce mouvement a pris toute son ampleur quand quelques jeunes étudiants afro-américains de Spelman College, à Atlanta, se sont réunis dans une cafétéria il y a une soixantaine d'années. Soutenus par deux professeurs de leur université, Howard Zinn et Staughton Lynd, qui allaient tous deux être démis de leurs fonctions, ils ont fondé le SNCC (*Student Nonviolent Coordinating Committee*). C'est à cette époque que les militants se sont organisés et que les voyages des « bus de la liberté » ont commencé à circuler. Le nord des États-Unis a participé faiblement.

Ils ont dû faire face à une répression très brutale. Plusieurs manifestants ont été tabassés et tués. Ça ne rigolait pas. Je me souviens de manifestations qui ont eu lieu dans le sud des États-Unis en 1965 : la police locale cognait dans tous les sens, sous le regard impassible des officiers fédéraux.

Le mouvement a atteint ses limites quand il a gagné le nord des États-Unis. En 1966, Martin Luther King a étendu le mouvement à Chicago. À partir de cette date, les militants ont été abandonnés à leur sort. Dans un premier temps, il s'agissait de mobiliser l'opinion publique autour de la question des bidonvilles. Quand les militants en sont venus à critiquer la guerre du Vietnam, ils se sont heurtés à une grande hostilité. Les libéraux du nord ont fini par les effacer de l'histoire. Mais ils ont tout de même remporté quelques victoires, des victoires significatives.

C'est toujours la même histoire. Les manifestations contre la guerre du Vietnam ont pris une ampleur considérable, mais souvenez-vous des efforts qu'il aura fallu pour en arriver là. Au début des années 1960, les premières conférences que j'ai données sur la guerre du Vietnam se tenaient dans une maison particulière ou dans une église, devant un auditoire de quatre ou cinq personnes. Pour organiser une conférence à l'université et attirer des auditeurs, il fallait annoncer une demi-douzaine de sujets de débat, outre le Vietnam. En octobre 1965, il était carrément impossible de manifester contre la guerre du Vietnam dans les rues de Boston, ville pourtant libérale. Les manifestants auraient été aussitôt dispersés, souvent par les étudiants eux-mêmes. Triste réalité.

En mars 1966, des centaines de milliers de soldats américains mettaient le Sud-Vietnam à feu et à sang. Faute de pouvoir manifester dans les rues de Boston, nous nous sommes réunis dans une église. Cette église a été prise d'assaut, bombardée de tomates et de canettes vides. La police est arrivée sur les lieux. Je suis allé trouver l'adjudant-chef et je lui ai demandé d'intervenir pour empêcher le saccage. Il m'a répondu qu'il ne pouvait rien y faire. Quelques minutes plus tard, il a pris une tomate en pleine tronche et, aussitôt, les assaillants ont été dispersés. Un an après, de grandes manifestations ont eu lieu.

Ces manifestations, on ne les doit pas à des stratégies extraordinaires : on a simplement fait ce que nous savons tous faire. Il s'agit d'amener les gens à regarder la réalité en face. L'opinion publique américaine est fondamentalement social-démocrate. Même les partisans du Tea Party sont majoritairement favorables à une augmentation du budget de la santé et de l'éducation. Ils ne veulent pas de la sécurité sociale mais ils n'ont rien contre les aides aux mères d'enfants handicapés, par exemple. C'est là le résultat d'une propagande redoutable. Ronald Reagan a réussi à diaboliser l'idée même de sécurité sociale. Dans l'imaginaire reaganien, elle est associée à une riche Noire qui se fait conduire en Cadillac dans les bureaux de la sécu pour s'approprier l'argent gagné à la sueur de votre front et aller acheter de la drogue. Cette perspective n'enchante personne, on est bien d'accord. Mais qu'en est-il des accomplissements réels de la sécurité sociale ? Ils méritent assurément d'être reconnus et appréciés à leur juste valeur.

Ce raisonnement vaut aussi pour la santé, pour le déficit et pour tous les autres exemples que j'ai évoqués. Environ deux tiers des Américains considèrent que les entreprises ne devraient pas être investies de droits au même titre que les personnes. Si cette réforme pouvait être entérinée, elle entraînerait un changement considérable. Elle abrogerait un siècle de décisions juridiques. Je ne parle pas seulement de l'affaire *Citizens United*[8]. Cette situation remonte à une centaine d'années. Et elle va à l'encontre de la volonté des deux tiers des citoyens. Toutes ces problématiques sont autant d'occasions de débat, d'échange, de prise de conscience, de mobilisation, de militantisme.

---

8. L'arrêt Citizens United v. Federal Election Commission, rendu par la Cour Suprême des États-Unis, le 21 janvier 2010, est un arrêt qui permet la participation financière des entreprises aux campagnes politiques.

EN MÉMOIRE DE HOWARD ZINN

Quand les temps sont durs, l'espoir n'est pas une chimère. Il se nourrit du constat que notre histoire n'est pas faite seulement de cruauté, mais de compassion, de sacrifice, de courage, de bonté.

Notre existence est déterminée par les valeurs que nous choisissons de retenir de cette histoire complexe. Si nous n'en gardons que le pire, nous perdrons toute capacité d'agir. La mémoire des époques et des endroits – et ils sont nombreux – où les hommes se sont comportés de façon remarquable nous donnera l'élan nécessaire pour changer le monde.

Notre action, aussi modeste soit-elle, ne tend pas à un avenir utopique mirobolant. L'avenir, c'est la succession infinie du présent. Se battre pour une vie digne, ici et maintenant, malgré tous les obstacles qui nous entourent, c'est déjà la plus belle des victoires[9].

Howard Zinn

Comment évoquer la mémoire de ce grand historien engagé qu'était Howard

---

9. Howard Zinn, *You Can't be Neutral on a Moving Train*, Beacon Press, 1994 ; Howard Zinn, *A Power Governments Cannot Suppress*, City Lights, 2007.

Zinn ? Pendant quarante-cinq ans, j'ai eu la chance de le compter parmi mes amis proches. Son épouse, Roz, emportée par le cancer peu de temps avant lui, était, elle aussi, une personne d'exception et une amie très chère. Je suis d'autant plus triste que j'ai l'impression d'avoir vu s'éteindre toute une génération : Edward Said, Eqbal Ahmed et bien d'autres intellectuels brillants, qui étaient aussi des militants dévoués et courageux, toujours prêts à répondre à l'appel. Ce sont des gens comme eux qui nous permettent de garder espoir.

Howard Zinn lui-même a bien résumé son parcours. Son principal souci, disait-il, c'était « la multitude de petits gestes anonymes » qui, bout à bout, font « ces grands moments » qui entreront dans les annales de l'histoire. Histoire tronquée et incomplète, si le filtre du dogmatisme la prive de ces racines. La vie de Howard Zinn est indissociable de son œuvre et de ses nombreuses interventions. Dans son engagement syndical autant que dans sa pratique d'enseignant, il s'est toujours efforcé de donner la parole à tous ces anonymes qui font l'histoire.

Du temps où il enseignait à Spelman College, université d'Atlanta fréquentée par une petite élite noire, Howard a apporté son soutien aux étudiants qui amorçaient alors le mouvement des droits civiques. Ceux-ci ont ouvert la voie, au péril de leur vie, et certains d'entre eux se sont rendus célèbres : Alice Walker, Julian Bond et bien d'autres. Il était aimé et respecté par ses étudiants et par tous ceux qui le connaissaient un peu. Il ne s'est pas contenté de leur témoigner son soutien, ce qui était déjà un geste assez courageux, mais il a pris le risque de s'engager à leurs côtés à une époque où les gens étaient encore indifférents et le gouvernement hostile. À force de se réunir, de sillonner le pays, d'organiser des manifestations, de braver le racisme, la violence et parfois même la mort, ces étudiants ont fini par mobiliser l'opinion publique.

Au début des années 1960, derrière Martin Luther King, un grand mouvement populaire s'est mis en branle. Le gouvernement s'est senti obligé de réagir. En récompense pour ses convictions et son courage, Howard a été démis de ses fonctions à l'université. Quelques années plus tard, il allait écrire un ouvrage de référence sur le SNCC (Comité de coordination non violente des étudiants), principal rassemblement de ces « anonymes » dont les « gestes innombrables » ont permis à Martin Luther King de se faire entendre et ont amené les États-Unis à honorer l'amendement qui, un siècle plus tôt, avait théoriquement accordé aux esclaves affranchis le statut de citoyens de plein droit. Inutile de vous dire qu'il reste encore bien du chemin à parcourir...

Une influence civilisatrice

J'ai rencontré Howard pour la première fois à l'occasion d'une manifestation pour les droits civiques à Jackson, dans le Mississippi. C'était en 1964, je crois. À cette époque encore, les manifestants étaient en butte à l'hostilité du public, à la violence policière et à une indifférence, sinon une complicité, des autorités fédérales avec la police locale. Après son expulsion de l'université d'Atlanta, Howard est venu enseigner à Boston. Professeur le plus admiré et le plus aimé du campus, il était par ailleurs la cible d'hostilités et de mesquineries administratives. Il lui aura fallu attendre la retraite pour se voir publiquement accorder les honneurs et le respect que ses étudiants et ses collègues lui témoignaient depuis toujours. C'est à cette époque qu'il a écrit les ouvrages qui l'ont fait connaître du grand public.

Dans *Logic of Withdrawal* [*Logique du retrait*], paru en 1967, il a été le premier à dénoncer haut et fort ce que ses contemporains commençaient à peine à percevoir : les États-Unis n'avaient aucun droit d'imposer au Vietnam un accord de paix qui donnerait à Washington un pouvoir considérable sur le pays qu'il avait illégitimement envahi et ravagé.

Au lieu de cela, les États-Unis auraient dû agir comme se doit de le faire tout agresseur : retirer ses troupes, donner à la population civile la possibilité de se reconstruire et offrir de réparer les exactions commises par l'armée. Cet ouvrage a fait beaucoup de bruit, même si, aujourd'hui encore, il reste bien du travail à faire pour que son message soit entendu. À l'issue de la guerre, 70 % des Américains estimaient que ce conflit était « fondamentalement illégitime et immoral », un pourcentage incroyable quand on sait qu'il allait à contre-courant du discours dominant. Par son œuvre et par son engagement sur le terrain, Howard Zinn aura exercé une influence décisive pour civiliser les États-Unis.

Dans ces années-là, Howard s'est illustré comme l'un des initiateurs du mouvement contestataire. Il a été parmi les premiers signataires de l'Appel à résister à l'autorité illégitime. Il a également contribué aux « sanctuaires d'accueil » des réfractaires à la conscription qui refusaient de participer à la guerre du Vietnam. Conférences, désobéissance civile, soutien aux manifestants, témoignages devant les tribunaux : Howard était présent sur tous les fronts.

L'histoire d'en bas

Plus encore que ses prises de position contre la guerre du Vietnam, c'est le grand œuvre de Howard Zinn, *A People's History of the United States*[10], qui a révolutionné les mentalités d'une génération tout entière. Il y rend justice à tous les anonymes qui ont lutté sans répit pour la paix et la justice, à toutes les victimes d'un système qui promeut une version tronquée de l'histoire. Dans *Voices of the People's History [Voix de l'histoire populaire]*, adapté au théâtre et à la télévision, il a donné la parole à tous ceux qui, dans l'ombre, œuvrent à un monde meilleur.

En rendant leur dû aux anonymes, Howard Zinn a inauguré un véritable

---

10. *Une histoire populaire des États-Unis de 1492 à nos jours*, Agone, 2003.

courant historiographique qui a mis en lumière certains moments critiques de l'histoire des États-Unis et d'autres pays. Avant lui, il y avait bien quelques travaux universitaires sur ces sujets-là, mais rien de comparable à cette « histoire d'en bas » qui a permis de résorber les zones d'ombre dans l'interprétation et l'enseignement de l'histoire américaine. Howard Zinn a toujours milité sans relâche, jusqu'à son dernier souffle, malgré la maladie et le deuil. Ceux qui ont eu l'occasion de le rencontrer ou d'assister à ses conférences ont été frappés par son ardeur et son abnégation. Dès qu'il s'agissait de promouvoir la paix et la justice, Howard était infatigable. C'était un modèle d'intégrité, d'engagement, d'éloquence et de perspicacité. Même dans l'adversité, il restait enjoué, pacifiste et digne. Ses écrits et sa vie même sont une formidable source d'inspiration pour les jeunes.

Il est d'ailleurs certains pays où l'œuvre de Howard semble avoir une résonance particulière. La Turquie, notamment. Je ne connais pas de pays où les intellectuels, les artistes, les journalistes et les universitaires aient fait preuve d'un tel courage et d'une telle intégrité pour dénoncer les crimes perpétrés par l'État.

Contre la répression et la violence, ils ont pratiqué la désobéissance civile ; ils n'ont jamais courbé l'échine. La Turquie nous a apporté un témoignage exemplaire et elle peut en être fière. Howard Zinn lui aussi, à sa manière, nous a donné l'exemple. En transformant le regard que nous portons sur l'histoire, il nous a appris à mener une existence honorable et digne.

Mise en page : MATT ÉDITIONS — Paris

Achevé d'imprimer
dans l'Union Européenne

Dépôt légal : janvier 2013